예수님이 말씀하시니 Silver

풍성한 노년을 살아가는 그리스도인을 위한 말씀공부 교재

말씀세대

저자 정부선 이윤정
감수 김진산

도서출판사 **TOBIA**

추천의 글

『말씀세대』, 노년을 향한 멋진 부르심

임병우 목사 · 이수교회 원로 · 터치바이블선교회 고문

50여년 목회 사역을 하면서 제대로 한 번 생각해 보지 않은 분야가 있다. 노년의 신앙이다. 목회 사역을 수행하던 그시절 연령이 젊어서도 그랬지만, 하나님의 말씀, 예수님의 십자가 그리고 성령 안에 있는 교회를 다루는데 나이나 세대가 무슨 소용이겠는가고 생각했던 것이 사실이다. 어린이나 젊은이나 노인이나 모두 복음 앞에서는 차이 없이 동일하다고 생각했던 것이다. 그런데 현직에서 은퇴하고 보니 현실이 그렇지 않았다.

노인에게는 노인의 세상이 있었다. 노인에게는 노인의 신앙도 있었다. 신앙을 알아가고 신

앙으로 삶을 세우고 신앙으로 세상을 호령하는 젊은이의 삶이 전부일 것이라고 생각한 것은 잘못이었다. 노년의 인생은 전혀 새로운 것이었다. 노년의 신앙은 젊은이의 그것을 넘어서는 완전히 새로운 무엇이었다. 노년에 만나는 하나님, 노년의 신앙의 관계들, 노년의 영적 세상이 있다. 결국 노인에게도 하나님의 부르심이 있고, 노인에게도 하나님의 뜻대로 살아가는 삶의 내용과 방법이 있다.

안타깝게도 노년을 살아가는 그리스도인의 삶을 다루는 교재는 전무하다시피하다. 한국사회와 교회의 상당수를 차지하는 인구수에도 불구하고 노년의 영적 삶을 바르게 살아가는 길을 안내하는 자료는 터무니없이 부족하다. 노인은 천국 가는 일만 남은 사람들이라는 인식 탓이다. 노인은 교회와 하나님 나라를 위한 일에서 마땅히 할 일이 없다고 생각하는 탓이다. 이제 노년의 삶을 살아가는 목회자의 입장에서 참으로 안타깝게 여기는 부분이다.

한국교회를 위해 진중한 말씀사역으로 수고하는 터치바이블선교회의 『말씀세대』는 노년을 살아가는 그리스도인을 위한 전격적인 교재이다. 교재는 노년의 삶으로 부름 받은 삶, 신실한 노년의 삶, 특별한 헌신으로 살아가는 노년의 삶을 다룬다. 한 마디로 품격 있는 노년의 영적 삶에 대한 제안이다. 교회 어르신들을 위해 마땅한 교육 활동 자료를 찾지 못했다면 이 교재를 추천하고 싶다. 아직 현역 못지않은 열정을 가진 동료 원로 목사님들에게 이 교재를 통한 사역을 권하고 싶다. 『말씀세대』는 한국교회 사역을 위한 완벽하여 새로운 제안이다.

성경은 노인의 책이다

김진산 목사·터치바이블아카데미원장

오랫동안 우리는 성경을 젊은이들의 책으로 여겨왔다. 교회는 늘 젊은이들에게 초점을 맞추고 그들이 성경을 읽고 변화하여 사명의 삶을 살도록 해야 한다고 여겨왔다. 그래서 젊은이들이 읽을 만한 모양으로 성경을 만들고 젊은이들이 쉽게 접하도록 성경에 패션과 트렌드를 가미하는 등의 일들을 중요하게 생각했다. 성경을 젊은이의 인생 단계에 걸맞게 해석하고 프로그램화하여 제안하는 등의 사역을 우선시하기도 했다.

사실 성경은 노인에게 더 어울리는 책이다. 노인이 인생의 뒤안길에 서 있기 때문이 아니다. 노인이야 말로 인생의 가장 중요한 클라이막스에 서 있기 때문이다. 성경은 하나님의 경륜에 관한 풍요로운 이야기책이다. 인생에서 노년의 그리스도인들이 읽어낼 수 있는 깊은 이야기들이다. 성경은 또한 하나님의 사람들의 지혜에 관한 풍성한 이야기책이다. 하나님의 말씀 가운데 신실한 삶을 살아온 노년의 그리스도인들이 발견할 수 있는 경지의 이야기들이다.

노년을 살아가는 그리스도인들이 성경의 깊이와 풍성함을 발견하게 될 때 그 가정과 공동체 특히 교회는 더욱 큰 부흥을 경험할 수 있다. 교회는 그런 면에서 노년을 살아가는 그리스도인들로 하여금 성경의 깊고 풍성한 면모를 발견하고 깨닫고 그 삶에 적용할 수 있는 기회를 제공할 줄 알아야 한다. 교회의 어떤 구성원보다 노년을 살아가는 그리스도인들이 성경의 깊이와 풍성함을 누릴 수 있도록 해야 한다. 말씀으로 살아가는 어른들이 교회 공동체에 얼마나

큰 은혜일 수 있는지를 경험해야 한다.

토비아출판사가 발간하는 실버교재『말씀세대』는 터치바이블선교회가 추구하는 동사 중심 성경공부의 맥을 이어간다. 어린이교재『예수님이말씀하시니』가 갖는 동사 중심 신앙훈련의 패턴을 노년을 위한 말씀 사역에 그대로 적용한 것이다. 성경은 노인에도 불구하고 새로운 영적 삶으로 부르시는 하나님의 뜻과 사역들로 가득하다. 이제 한국교회는 전혀 새로운『말씀세대』교재를 통하여 노인들을 일깨우고 그 신실한 헌신으로 나아가도록 도와야 한다. 이 교재를 통하여 말씀 가운데 신실하게 일어나는 주의 노년 일꾼들이 한국 교회 곳곳에 가득하기를 소망한다.

『말씀세대』로 실버사역 세우기

강신덕 목사 터치바이블선교회 대표

『말씀세대』는 점증하는 교회 내 실버세대를 위해 개발된 성경공부 교재이다. 교회와 기독교 공동체는 이 교재를 통해 보다 영적이고 신앙적이며 바른 노년의 삶을 제안하고 가르치고 나눌 수 있다. 노년 인구가 점차 늘어나고 있는 상황에서 한국교회와 사회는 노인들의 건강하고 온전한 삶을 위한 사역의 길을 제대로 열지 못하고 있다. 터치바이블선교회는 성경의 말씀에 근거하여 노년을 살아가는 그리스도인에게 부름 받은 삶, 건강한 삶 그리고 복 받는 삶을 제안하고자 한다. 그래서 이 시대 노인이 가정과 교회와 사회 공동체 모두에게 축복의 통로이며 은혜의 수단일 수 있음을 제안하고자 한다.

『말씀세대』교재의 의도와 방향

노년을 살아가는 그리스도인을 위한 『말씀세대』는 성경의 다양한 인물들의 이야기를 나누며 그들이 어떻게 노년의 삶을 시작했고, 어떻게 영적 삶을 살았는지 그리고 하나님과 그들에게 주어진 공동체를 위해 어떻게 수고하고 헌신하며 살았는지에 대해 배운다. 교재활동에 참여하는 노년의 그리스도인들은 성경에 등장하는 노년의 삶을 배워 각자의 삶이 말씀 가운데 그리고 신앙 공동체 가운데 바르고 온전하여 덕이 되는 노년의 삶이 되도록 한다.

『말씀세대』교재의 대상

본 교재는 70대 이상 노년의 삶을 살아가는 가정과 교회 등의 신앙 공동체 모든 그리스도인들을 대상으로 만들어졌다.

『말씀세대』교재의 주요내용과 교수학습 과정

본 교재는 다음 성경인물들이 살았던 노년의 삶의 핵심 동사를 중심으로 신실한 노년의 삶의 모범을 나눌 수 있도록 구성되어 있다.

1과 **가라** (아브라함 이야기)

2과 **동행하라** (에녹의 이야기)

3과 **일어나라** (아브라함 이야기)

4과 **사랑하라** (요한 이야기)

5과 **선대하라** (나오미 이야기)

6과 **이끌림을 받아라** (베드로 이야기)

7과 **가르치라** (바울 이야기)

8과 **격려하라** (모세 이야기)

9과 **축복하라** (야곱 이야기)

10과 **기다리라** (시므온과 안나 이야기)

1단계 성경본문 찾아 읽기

2단계 과의 주인공 인물에 대해 이야기 나누기

3단계 말씀 이야기 읽고 듣기

4단계 기억해요와 외울말씀 따라 쓰고 암송하기

5단계 행동해요 활동하고 나누기

6단계 함께 찬양하고 기도하기

7단계 주제를 따라 예수님의 말씀 묵상하기

『말씀세대』교수-학습 진행은 총 일곱 단계로 진행된다. 10명 이상의 중대그룹으로 진행할 수도 있으나 가능한 10명 이하 대화가 가능한 소그룹 단위로 사역을 진행하도록 한다. 진행을 담당하는 사역자들은 교재 뒤편에 수록된 사역자용 지침서를 따라 아래 사역의 흐름을 미리 숙지한 뒤 교재 사역을 진행할 수 있도록 한다.

『말씀세대』교재 사역자들

주로 노년을 살아가는 그리스도인을 위한 『말씀세대』교재는

1. 교회의 목회 리더들이나 노년 사역을 위해 세움 받아 헌신하는 리더들
2. 교회의 원로 목회자들이나 장로들, 그리고 권사들을 중심으로 사역자를 세운다.

『말씀세대』교재의 활용

노년을 살아가는 그리스도인을 위한 『말씀세대』교재는

1. 교회의 경우 10명 단위의 소그룹 시니어활동 모임의 주교재로 활용한다.

2. 교회나 기타 기독교 공동체가 운영하는 노인대학
   등의 교육 프로그램 교재로 활용한다.

3. 노인들의 자발적 개별 모임을 위한 교재로 활용한다.

『말씀세대』교재의 확장

노년을 살아가는 그리스도인을 위한 『말씀세대』교재는

1. 각 과의 그림 부분에서 노인들을 위한 채색활동 교
   재로 활용할 수 있다.

2. 각 과의 '기억해요' 부분의 따라 쓰고 암송해요를 위
   해 별도의 요절노트를 활용할 수 있다.

3. 각 과의 '묵상해요' 부분은 교재활동을 마친 후 가정
   에서 개별적으로 혹은 두세 명 씩 짝을 지어 활동할
   수 있도록 할 수 있다.

4. 『말씀세대』교재는 교회와 신앙공동체의 노인들을
   위한 별도의 수련회 교재로 활용할 수 있다.

5. 『말씀세대』교재 연계 노인 프로그램 활용 문의:
   터치바이블선교회 02-738-2082

*교재에 사용된 그림은 확인이 가능한 경우 아래 출처로부터 그림을 가져와 다시 그렸음을 일러둔다.
이끌림을 받아라 Crucifixion of Saint Peter/Caravaggio/1601.
선대하라 Whither Thou Goest/Sandy Freckleton Gagan.
격려하라 the death of Moses/A colorfully illustrated temperance bible study card from circa 1900 reads/Photo by Donaldson Collection/Michael Ochs Archives.
일어나라 The Burial of Sarah/Gustave Doré/Le Sainte Bible: Traduction nouvelle selon la Vulgate par Mm. J.-J. Bourasse et P. Janvier. Tours: Alfred Mame et Fils/ 1866.
가르치라 Paul's Last Days in Prison / The Classic Bible Art Collection -Formerly Standard Publishing.

목차

예수님이 말씀하시니 Silver

풍성한 노년을 살아가는 그리스도인을 위한 말씀공부 교재

말씀세대

가라

창세기 12장 1~6절

외울말씀 : 여호와께서 아브람에게 이르시되 너는 너의 고향과 친척과 아버지의 집을 떠나 내가 네게 보여 줄 땅으로 가라 **창세기 12장 1절**

나는 아브라함입니다.

나는 갈데아 우르에서 태어나 오랫동안 그곳에서 살았습니다. 어느 날 나는 아버지 데라를 따라 하란으로 가서 살았습니다. 아버지 데라는 그곳에서 돌아가셨습니다. 그렇게 내 나이가 75세가 되던 어느 날 하나님께서는 내게 "본토 친척 아비 집을 떠나라"고 말씀하셨습니다. 그리고 나에게 "내가 명령한 땅으로 가서 거기서 큰 민족의 조상이 되라"고 말씀하셨습니다. 나는 즉시 하나님의 명령을 따랐습니다. 하나님께서 가라고 하신 서쪽으로 길을 나섰습니다. 내 나이 75세에 반신반의하는 아내 사라와 조카 롯을 데리고 새로운 인생길을 열었습니다.

사실 그때를 생각하면 지금도 두렵고 떨리는 마음을 감출 수가 없습니다. 그러나 나는 하나님께서 나의 인생에 새로운 비전을 허락하신 것을 확신했습니다. 비록 나이가 들었고, 새로운 곳에서의 생활이 여의치 않았으나, 나는 하나님의 명령에 온전히 순종했습니다. 하나님께서는 나이 75세에 떠난 새로운 여정을 지켜 주셨습니다. 하나님께서는 이전에 내가 누리던 것보다 더 큰 축복을 허락하셨습니다. 아내 사라와의 사이에 하나님이 약속하신 아들 이삭을 얻었습니다. 나는 이후 하나님을 믿는 모든 이들에게 '믿음의 조상'이라는 멋진 칭호를 얻게 되었습니다. 75세의 늦은 나이에도 새로운 삶으로 부르시고 인도하신 하나님께 감사합니다.

아브라함은 하나님의 부르심에 순종했습니다. 75세의 나이에 하나님이 지시한 땅으로 갔습니다. 바른 길을 찾아 선을 그으며 부르심의 땅 가나안으로 가 봅시다.

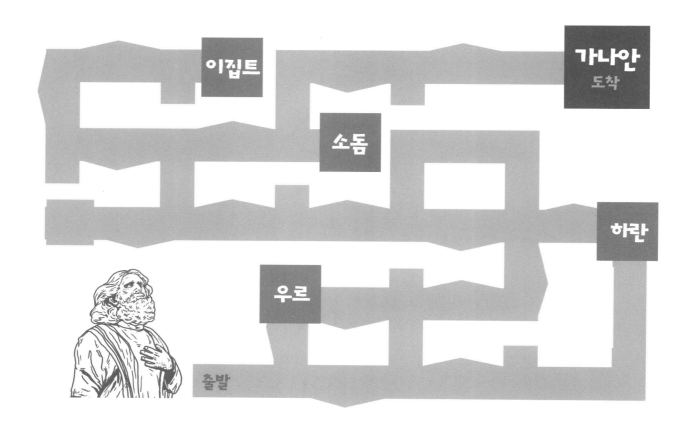

따라 쓰고 암송합니다

너는 너의 고향과 친척과 아버지의 집을 떠나
내가 네게 보여 줄 땅으로 가라

창세기 12장 1절

행동해요!

가족과 교회 그리고 지역사회 안에서 하나님께서 기뻐하시는 노년에 합당한 삶의 모습을 적고, 이를 위한 실천방법을 기록해봅시다.

	노년의 사명	실천방법
가족안에서		
교회안에서		
지역사회 안에서		

각각의 삶과 부르심의 자리에서 노년에 합당한 삶에 대해 함께 이야기하고, 새롭게 시작하는 삶을 서로 격려합시다.

예수 따라가며

새 찬송가 449장 (통일 377)

하나님께서 새로운 인생으로 부르십니다

마가복음 15장 43 ~ 47절

예수님은 열두 제자 뿐 아니라 니고데모와 사마리아 여인, 삭개오 등 많은 사람들을 당신의 새로운 세계로 부르셨습니다. 그 가운데 아리마대 요셉도 있었습니다. 그는 십자가에 처형 당하여 죽으신 예수님을 자기 무덤으로 모신 사람으로 알려졌습니다. 그는 높은 사람이었으며 현명한 노인이었습니다. 노인 아리마대 요셉은 예수님을 만난 후 변화된 삶을 살았습니다. 그는 예수님을 알기 전보다 훨씬 더 많은 일을 하며 살았습니다. 그는 초대교회의 중요한 인물이 되었습니다. 스스로 노구를 이끌고 영국까지 가 거기서 복음을 전하며 살았습니다. 그는 연로한 나이에도 영국에 교회를 세우고 신실함으로 사람들을 교회로 이끌었습니다.

우리는 연로한 나이임에도 하나님께서 우리를 사용하신다는 사실을 잘 알아야 합니다. 연로한 우리 역시 하나님의 부르심에 응답할 줄 알아야 합니다. 그리스도인의 노인 된 삶은 인생의 그 어느 때보다 분명하게 보이는 길을 새롭게 시작하는 것입니다.

말씀을 묵상하고 마음에 와 닿는 구절이나 생각을 적어보세요.

동행하라
창세기 5장 21~24절

외울말씀 : 에녹이 하나님과 동행하더니 하나님이 그를 데려가시므로 세상에 있지 아니하였더라 **창세기 5장 24절**

나는 에녹입니다.

나는 65세에 하나님의 부르심을 받고 하나님의 사람으로 살게 되었습니다. 하나님의 사람으로 산다는 것은 늘 하나님과 동행하는 삶을 사는 것 입니다. 앉으나 서나, 어려울 때나 행복할 때나, 슬플 때나 기쁠 때나, 언제든 나는 하나님과 함께 했습니다. 하나님의 부르심을 받았지만, 나는 세상 속에서 자식을 낳고, 일을 하며 매일매일 일상을 살았습니다. 하나님의 부르심을 받은 하나님의 사람으로 산다는 것은 분명 세상과 구별되는 것 입니다. 그러나 그것이 세상과 동떨어진 삶을 의미하지는 않습니다. 나는 세상 한복판에서 나의 자녀들과 나의 가족, 친지들과 더불어 살며 하나님이 기뻐하시는 삶을 일구었습니다. 하나님께서는 나의 매일매일의 신실함을 기뻐하셨습니다.

어느날 하나님께서는 나에게 인간이 상상할 수 없는 큰 축복을 주셨습니다. 이 땅에 사는 모든 인간은 누구나 늙고 병들어 고통과 슬픔 가운데 죽을 수밖에 없습니다. 하지만 하나님께서는 나에게 그 죽음의 고통을 넘어서 하나님 곁으로 갈 수 있게 하셨습니다. 하나님과 동행하는 사람에게는 마지막 순간을 고통이 아닌 기쁨으로 넘어서는 특별한 선물이 주어집니다.

에녹은 하나님과 동행하며 300년 동안 살았습니다. 에녹은 어느 때에 하나님이 기뻐하시는 삶을 살며 동행하였을까요? 모두 찾아 O표를 해봅시다.

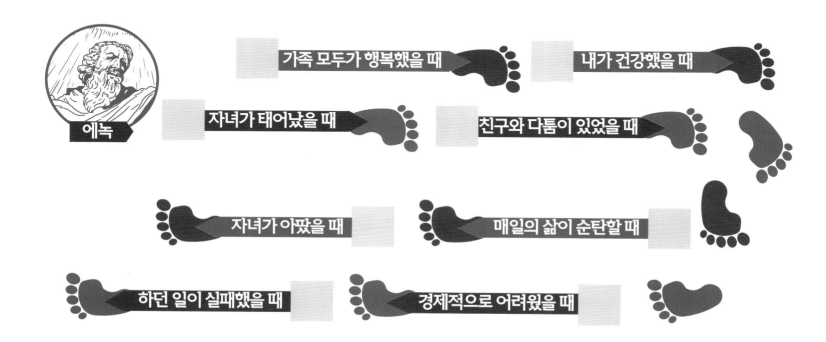

에녹

가족 모두가 행복했을 때

내가 건강했을 때

자녀가 태어났을 때

친구와 다툼이 있었을 때

자녀가 아팠을 때

매일의 삶이 순탄할 때

하던 일이 실패했을 때

경제적으로 어려웠을 때

따라 쓰고 암송합니다

에녹이 하나님과 동행하더니 하나님이 그를 데려가시므로
세상에 있지 아니하였더라

창세기 5장 24절

행동해요!

"그리스도인은 항상 하나님과 동행하며 하나님께서 기뻐하시는 일들을 이루며 살아야 합니다. 하나님과 동행하는 노년의 삶을 위해 결단합시다."

매일의 삶속에서 하나님과 동행하는 삶의 구체적인 방법을 적어봅시다.

이럴 때는	무엇을 할까요?	어떻게 할까요?
내 건강에 문제가 생겼을 때	기도하기	
자녀의 모든 삶이 순탄할 때	찬양하기	
공동체 안에서 갈등이 생겼을 때	말씀보기	

지금까지 나의 인생에 동행하신 하나님을 기억하고 그 순간순간 어떻게 믿음 안에서 살아왔는지 고백해봅시다.

주와 같이 길가는 것

새 찬송가 430장 (통일 456)

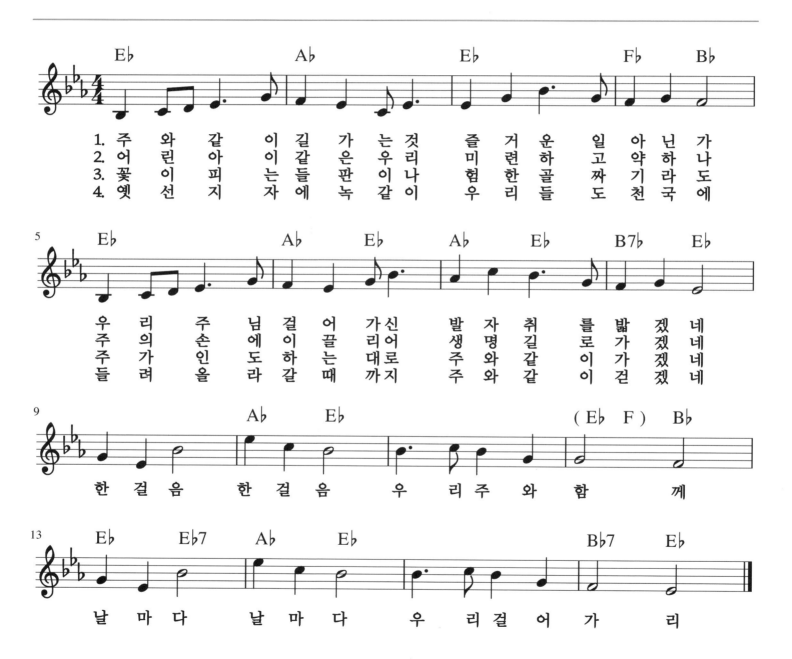

늘 하나님과 동행합시다

누가복음 24장 50 ~ 51절

예수님은 이 땅에서 사역하시는 내내 하나님과 동행하셨습니다. 예수님께서는 요단강에서 세례를 받으실 때나 광야에서 시험 당하실 때, 또 갈릴리와 유다지경과 사마리아와 이방의 땅에서 사역하시는 내내 하나님과 동행하셨습니다. 예수님은 하나님과 동행하는 모든 여정에서, 특히 십자가 길 내내 하나님의 뜻에 합당한 삶을 이루시며 하나님을 기쁘게 하셨습니다. 그렇게 예수님은 하나님과 늘 동행하시다가 감람산에서 하나님이 계신 하늘로 올라가셨습니다.

우리는 노년의 인생길을 하나님과 동행할 줄 알아야 합니다. 우리 노년의 하루하루가 인생의 어느 때 보다 하나님을 찬양하고, 하나님께 기도하며, 그 말씀을 묵상하는 삶이 되도록 해야 합니다. 그렇게 할 때 우리의 노년은 기쁨과 은혜가 풍성하게 됩니다. 우리를 바라보는 사람들도 편안해집니다. 그들과 우리 모두가 기쁨을 누리게 됩니다. 그렇게 하나님과 동행하다가 하나님의 부르심을 받는 것이야 말로 우리 노년이 누릴 가장 큰 축복입니다.

말씀을 묵상하고 마음에 와 닿는 구절이나 생각을 적어보세요.

일어나라

창세기 23장 1~20절

외울말씀 : 사라가 가나안 땅 헤브론 곧 기럇아르바에서 죽으매 아브라함이 들어가서 사라를 위하여 슬퍼하며 애통하다가 그 시신 앞에서 일어나 나가서 헷 족속에게 말하여 이르되 **창세기 23장 2-3절**

나는 아브라함입니다.

75세 되던 해 하나님은 나와 아내 사라를 하란에서 부르셨습니다. 하나님의 명령에 순종하여 새로운 인생을 산다는 것은 쉽지 않았습니다. 하지만 우리는 순종했습니다. 무엇보다 내 인생의 진정한 동반자 아내 사라가 함께 해서 매 순간 어려움을 이겨나갈 수 있었습니다. 하나님은 약속하신대로 나를 여러 민족의 조상으로, 사라를 모든 민족의 어머니로 삼으셨습니다.

그런데, 나의 사랑하는 아내 사라가 죽었습니다. 차가운 시신이 되어 누워있는 아내 앞에서 나는 깊은 상실감과 슬픔에 잠겼습니다. 아들 이삭도 슬퍼합니다. 그러나 나는 슬픔에만 잠겨 있을 수 없습니다. 집안의 어른인 나는 아내를 잃은 상실감에만 머물러 있지 않습니다. 나는 남편이자 아버지이고 가장 연장자이기에 슬픈 마음을 가다듬습니다. 아내를 잃은 상실의 자리에서 일어납니다. 슬픔에 빠진 아들 이삭을 위로합니다. 그리고 고인을 위해 헷 사람들에게서 매장지도 사고, 마지막 장례 절차가 잘 이루어지도록 준비합니다. 나는 슬픔의 자리에서, 상실의 자리에서 일어납니다. 나는 이 모든 이들의 슬픔마저 이끌어야 할 집안의 어른입니다.

기억해요!

아브라함은 아내를 잃은 슬픔에만 머물러 있지 않았습니다. 슬픔의 자리, 상실의 자리에서 일어났습니다. 아브라함이 아내의 죽음 앞에서 어떻게 행동했는지 순서대로 번호를 적고 줄 긋기를 해봅시다.

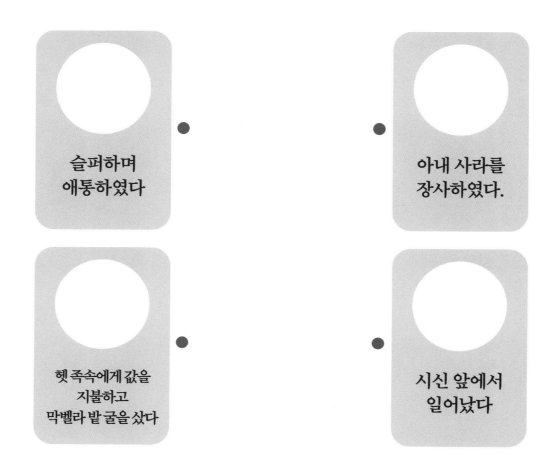

사라를 위하여 슬퍼하며
애통하다가 그 시신 앞에서 일어나 나가서

창세기 23장 2-3절

행동해요!

개인과 가족, 공동체의 슬픔의 시간을 마주하는 나의 모습을 살피고 '예' 또는 '아니오'에 O표해 봅시다.

나에게 다가온 절망과 상실의 슬픔을 있는 그대로 받아들이려고 노력한다.	예	아니오
절망과 상실의 시간을 맞아 슬퍼하는 감정과 모습을 부끄러워하지 않고, 감정에 충실하게 슬퍼한다.	예	아니오
슬픔의 감정에 매몰되어 주저앉아 있지않고 그것을 극복하려고 노력하거나, 실제로 일어난다.	예	아니오
절망과 상실의 상황 가운데서 내가 해야 할 일들을 차분히 감당하려고 노력하거나, 실제로 감당한다.	예	아니오
같은 상황에 처해있는 가족과 공동체를 돌아보며 위로하려고 노력하거나, 실제로 위로한다.	예	아니오

지금 가족과 공동체 안에서 어른으로서 바르게 서 있나요? 서로 이야기를 나누며 어른 된 삶을 격려해 봅시다.

주를 앙모하는 자

새 찬송가 354장 (통일 394)

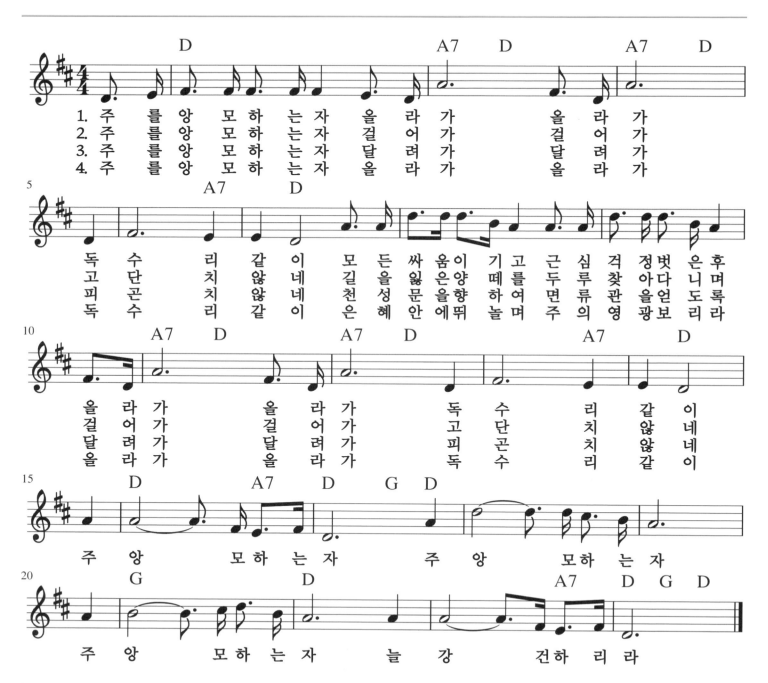

우리는 어른입니다

요한복음 19장 25 ~ 27절

예수님께서는 마지막 십자가에서 당신의 죽음을 슬퍼하는 어머니를 대면하셨습니다. 예수님은 당신의 죽음조차 버거운 그 때, 자신의 처형과 죽음을 슬퍼하는 어머니에게 위로의 말을 건네셨습니다. 그리고 옆에 있던 제자 요한에게 어머니를 부탁하셨습니다. 예수님께서는 마지막 순간에도 어머니를 잊지 않으셨습니다. 예수님은 마지막까지도 아들로서 어머니를 염려하고 어머니를 위해 최선을 다하셨습니다.

우리는 때로 사랑하는 사람을 잃고 슬픔에 젖습니다. 그 때 우리는 예상치 못한 상실 앞에서 충분히 슬퍼할 줄 알아야 합니다. 그러나 동시에, 우리는 남아있는 사람들이 마냥 슬픔에만 젖어 있지 않도록 이끌 줄도 알아야 합니다. 어른으로서 우리는 그 마지막 천국 환송의 시간, 우리에게 마지막 소임의 절차가 있다는 것을 기억해야 합니다. 그것이 사랑하는 사람과의 마지막 시간, 떠난 이에게나 남아 슬퍼하는 이들을 위해 우리가 어른으로서 할 일입니다.

말씀을 묵상하고 마음에 와 닿는 구절이나 생각을 적어보세요.

사랑하라

요한일서 3장 11~24절

외울말씀: 그의 계명은 이것이니 곧 그 아들 예수 그리스도의 이름을 믿고 그가 우리에게 주신 계명대로 서로 사랑할 것이니라 그의 계명을 지키는 자는 주 안에 거하고 주는 그의 안에 거하시나니 우리에게 주신 성령으로 말미암아 그가 우리 안에 거하시는 줄을 우리가 아느니라 **요한일서 3장 23-24절**

나는 요한입니다.

젊은 날 예수님과 사람들은 나를 '천둥의 아들' 이라고 불렀습니다. 급하고 강한 성격 때문이었습니다. 그러나 예수님은 부족한 나를 제자로 부르셨습니다. 나는 예수님의 가르침을 열심히 듣고 배웠습니다. 예수님께서 돌아가시던 마지막 순간, 나는 그것이 하나님의 진정한 사랑의 모습임을 깨닫게 되었습니다. 예수님의 십자가 사랑은 나를 사랑의 사람으로, 섬김의 사람으로 변화시켰습니다.

얼마 전 밧모섬 유배생활을 마치고 돌아오는 길에 나는 한 소년을 만났습니다. 세상에 대한 미움과 악한 감정으로 살아가는 그 소년의 모습은 내 마음을 아프게 했습니다. 그 소년의 모습은 오래전 천둥의 아들이던 나 자신이었기 때문입니다. 나는 도망치려고만 하는 소년을 끝까지 품었습니다. 그리고 그에게도 예수님의 십자가 사랑이 가득하기를 위해 기도했습니다. 소년은 점점 사랑의 사람으로 변화했습니다.

예수님을 함께 따랐던 동료 제자들과 사도들이 모두 떠난 지금, 나는 늙은 몸으로 홀로 남아 주님의 몸 된 교회 성도들에게 사랑을 가르칩니다. 사랑의 본을 보입니다. 예수님의 사랑만이 내가 형제와 자매들에게 보여주고 가르쳐줄 전부입니다. "주님 안에서 형제와 자매된 여러분, 서로 사랑합시다. 사랑은 하나님을 알게 되는 지름길입니다."

기억해요!

요한은 말과 혀가 아닌 진실한 마음과 행함으로 사랑하라고 말했습니다. 그리고 예수님의 사랑을 끝까지 실천하였습니다. 스티커를 붙이며 요한이 전한 성경 말씀을 완성해 봅시다.

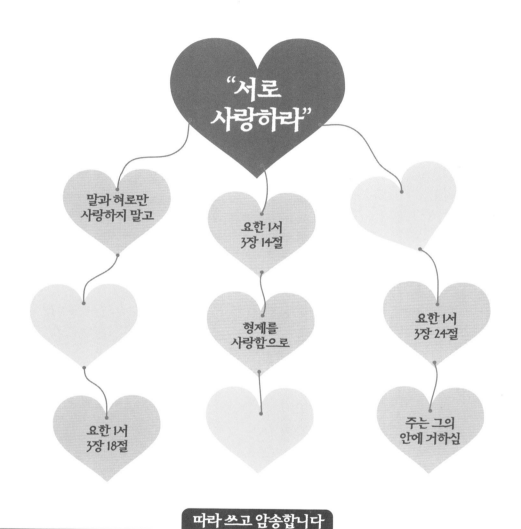

따라 쓰고 암송합니다

그가 우리에게 주신 계명대로 서로 사랑할 것이니라

요한일서 3장 23절

행동해요!

아래 빈 칸에 세 명 이상의 이름을 적고 사랑을 실천할 구체적인 방법을 말하고 적어봅시다.

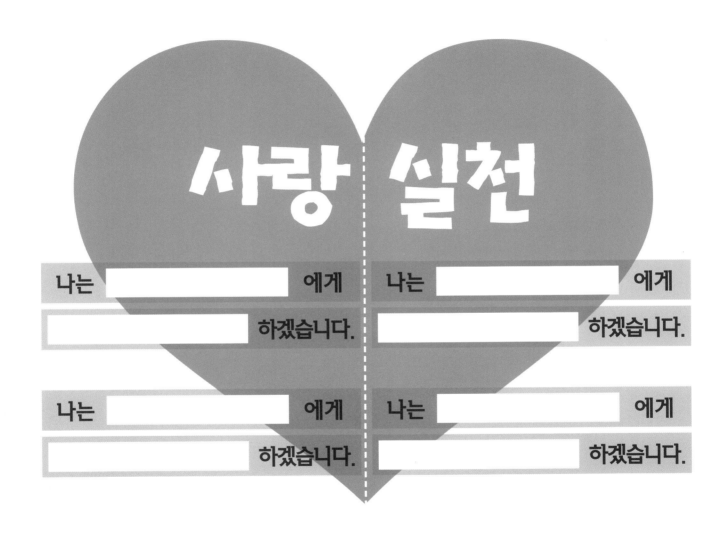

사랑 실천

나는 _____ 에게 _____ 하겠습니다.

나는 _____ 에게 _____ 하겠습니다.

나는 _____ 에게 _____ 하겠습니다.

나는 _____ 에게 _____ 하겠습니다.

예수님은 목숨까지 내어주는 사랑, 원수까지도 품는 사랑을 보여주셨습니다. 나의 사랑 실천에서 부족한 모습을 고백하고 예수님을 닮은 사랑 실천을 위해 서로 격려해 봅시다.

네 맘과 정성을 다하여서

새 찬송가 218장 (통일 369)

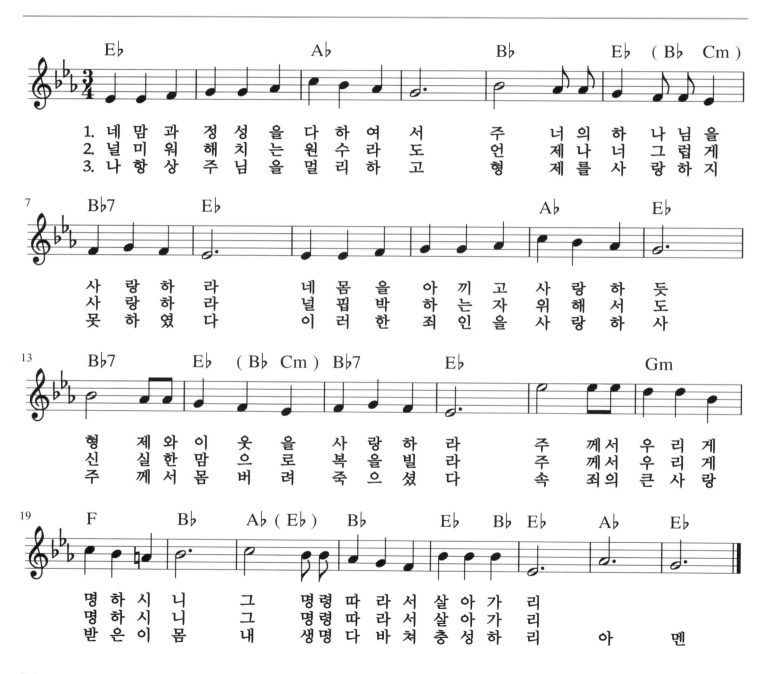

우리의 아름다움은 사랑에 있습니다

요한복음 13장 34 ~ 35절

예수님께서는 십자가를 지시기 전날 밤에 제자들과 무언가 진지한 것을 나누고 가르치기를 원하셨습니다. 예수님께서는 함께 나눌 공간을 마련하시고 제자들을 한 자리에 모으셨습니다. 그 다음, 예수님께서는 먼저 제자들의 발을 씻기시고 서로 식탁의 교제를 나누는 삶을 몸소 보여주셨습니다. 그리고 십자가를 지시기 전 제자들과 작별을 나누는 시간에 "서로 사랑하라"고 말씀하셨습니다. 예수님께서는 이 모든 것을 차분히 진심으로 진행하셨습니다.

예수님의 마지막 말씀을 기억하며 우리는 예수님이 몸소 보여주신 사랑의 삶을 끝까지 따라야 합니다. 그리고 부모로서, 스승으로서, 어른으로서 남겨지는 자녀와 제자들 그리고 후배들에게 사랑을 가르칠 줄 알아야 합니다. 우리 노인은 넉넉한 사랑의 사람이어야 합니다. 우리의 삶은 예수님의 사랑이 세상으로 드러나는 통로가 되어야 합니다. 사랑을 행하고 가르치는 일은 진정 예수님을 따르는 길입니다.

말씀을 묵상하고 마음에 와 닿는 구절이나 생각을 적어보세요.

선대하라

룻기 1장 6~10절

외울말씀 : 나오미가 두 며느리에게 이르되 너희는 각기 너희 어머니의 집으로 돌아가라 너희가 죽은 자들과 나를 선대한 것 같이 여호와께서 너희를 선대하시기를 원하며 **룻기 1장 8절**

나는 나오미입니다.

베들레헴에서 살던 우리 가족은 보다 잘 살 수 있을까 하는 바람으로 이방 땅 모압으로 갔었습니다. 그러나 바람과는 달리 거기서 남편과 두 아들을 모두 잃고 말았습니다. 모든 것을 잃고 이방 땅에서 슬픔의 나날을 보내던 된 나는 고향으로 돌아가기로 마음먹었습니다. 나는 우선 모압의 여인들이었던 두 며느리들이 그들의 땅에서 새로운 삶을 살도록 허락했습니다. 남편도 없는 두 며느리들이 늙은 시어머니를 따라 낯선 베들레헴까지 갈 필요는 없었지요. 나는 아직 젊은 두 며느리들이 새로운 삶을 시작했으면 하는 마음이었습니다. 그런데 둘째 며느리인 룻은 나와 함께 베들레헴으로 돌아가

그곳에서 하나님을 섬기며 살겠노라고 고집을 부렸습니다. 나는 늙고 홀로된 시어머니를 두고 떠날 수 없다는 룻의 말에 크게 위로를 받았습니다. 외롭게 고향으로 돌아가는 길이 비참할 수 있었는데, 룻이 함께 해 주는 것이 너무 고마웠습니다.

베들레헴으로 돌아온 후에도 룻은 이 외로운 시어미에게 큰 위로가 되었답니다. 나도 며느리 룻을 위해서라면 무엇이든 했습니다. 며느리인 룻도 나를 위해서라면 궂은일을 가리지 않았습니다. 우리는 서로를 사랑하는 선한 동반자였습니다. 하나님도 사랑으로 서로에게 선대하는 우리의 모습을 보시며 우리를 더 많이 축복해 주셨습니다.

성실한 모습으로 끝까지 나오미와 룻은 서로에게 선을 베풀었습니다. 하나님께서도 나오미와 룻에게 선을 베푸셨습니다. 아래의 문장을 완성하고 큰 소리로 읽어봅시다.

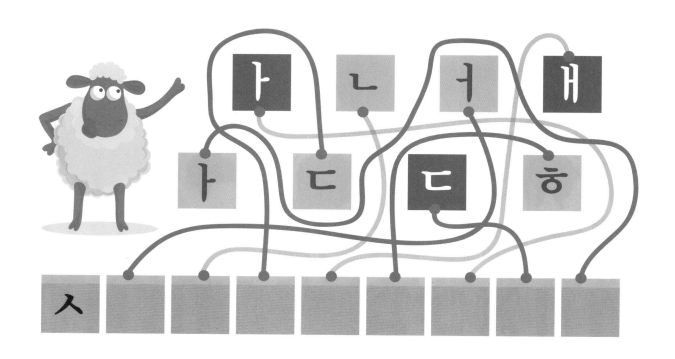

따라 쓰고 암송합니다

너희가 죽은 자들과 나를 선대한 것 같이
여호와께서 너희를 선대하시기를 원하며

룻기 1장 8절

행동해요!

"하나님은 우리와 함께 살아가는 주변사람들에게 친절한 행동, 선한 행동을 행하라고 말씀하십니다. 성실한 모습으로 끝까지 선을 베풀며 살아갑시다."

예수님의 십자가 사랑으로 끝까지 선대해야 할 사람들을 떠올려 보고 [   ] 안에 이름을 적어봅시다.

위 빈칸에 이름을 적은 사람들에게 실천할 수 있는 '선대'의 방법을 생각해보고 실천의 의지를 나누어 봅시다.

주님의 마음을 본받는 자

새 찬송가 455장 (통일 507)

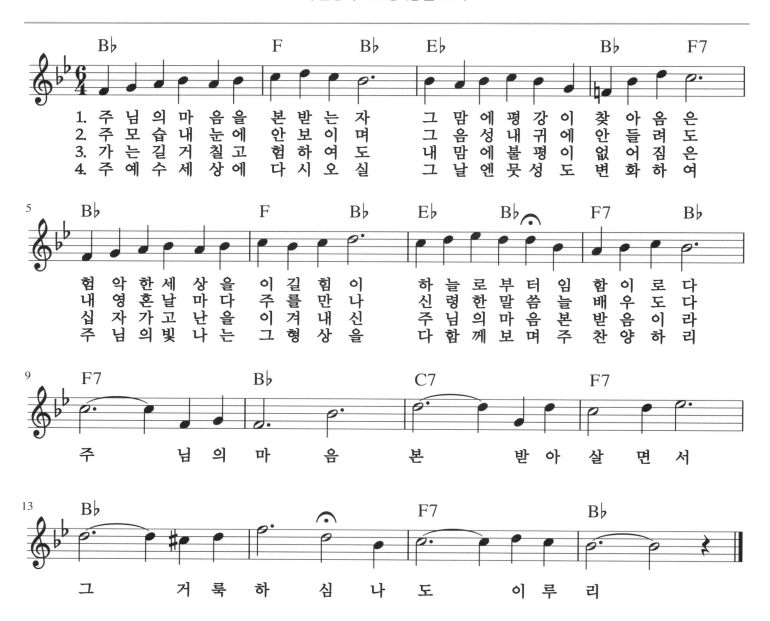

누구든 따뜻하게 대접 합시다

누가복음 18장 16절

예수님께서는 늘 당신에게 나아오는 이들을 환대하시고 선하게 대접하셨습니다. 예수님께서는 다가오는 어린아이들을 환영하셨습니다. 예수님께서는 병자들이나 가난한 이들을 가까이 하셨습니다. 예수님께서는 심지어 죄인들마저도 품으셨습니다. 예수님께서는 그들을 당신의 사랑 가득한 사귐 안으로 이끌어 들이시고 그 가운데 평안하게 쉬도록 하시며 회복하도록 하셨습니다. 예수님은 당신의 형제들과 이웃들을 아끼고 사랑할 줄 아셨습니다.

우리 역시 우리 삶으로 다가오는 이들을 선대할 줄 알아야 합니다. 우리는 자녀들을 노엽게 하지 말고 우리가 먼저 그들을 선대할 줄 알아야 합니다. 우리는 우리 인생의 풍성한 경험만큼이나 넉넉한 품으로 그들을 이끌어 들여 그들이 쉼을 얻고, 회복하며 삶에 큰 힘을 얻도록 해야 합니다. 우리의 형제와 자녀와 이웃을 기쁨으로 선대하는 것이야 말로 하나님께서 우리 어른들에게 주시는 귀한 능력이고 사명입니다.

말씀을 묵상하고 마음에 와 닿는 구절이나 생각을 적어보세요.

이끌림을 받아라

요한복음 21장 15~18절

외울말씀 : 내가 진실로 진실로 네게 이르노니 네가 젊어서는 스스로 띠 띠고 원하는 곳으로 다녔거니와 늙어서는 네 팔을 벌리리니 남이 네게 띠 띠우고 원하지 아니하는 곳으로 데려가리라 **요한복음 21장 18절**

나는 베드로입니다.

나는 갈릴리의 어부로 살다가 예수님의 부르심을 받고 제자가 되었습니다. 나는 예수님의 수제자였습니다. 나는 예수님이 가시는 곳이면 어디든 따랐습니다. 그러나 나는 예수님께서 마지막 십자가에 죽임 당하실 때 예수님을 부인하고 말았습니다. 부활하신 예수님은 다시 나에게 찾아오셨고, 나의 실수에도 불구하고 예수님은 나를 다시 사도로 세우셨습니다. 그날 이후 나는 열정적인 복음 전도자로서 세상 곳곳을 다니며 예수님을 전했습니다. 그렇게 많은 시간이 흘렀습니다.

이제 나는 나이가 들어 몸은 쇠약해졌습니다. 누군가의 도움이 필요한 노인이 되었습니다.

이전에 누군가를 이끌던 혈기 왕성했던 베드로가 이제는 누군가의 이끌림을 받아야만 하는 늙고 약한 베드로가 되었습니다. 늙고 약해진 이 몸은 이제 군인들의 손에 이끌려 십자가 처형대로 가게 될 것입니다. 영광스럽게도 나는 삶의 마지막 시간에 복음을 위한 순교자가 될 준비를 하고 있습니다. 나는 그 날 아침 부활하신 예수님께서 나에게 하셨던 말씀을 기억합니다. "베드로야, 네가 늙어서는 팔을 벌리게 될 것이다. 그리고 남이 네게 띠를 띠울 것이다. 그리고 네가 원하지 않는 곳으로 데려 갈 것이다." 늘 누군가를 이끌던 베드로가 이제 누군가의 이끌림을 받습니다.

예수님은 베드로가 타인의 돌봄과 이끌림을 받는 노년의 삶을 살게 될 것이라는 것을 속담을 사용하여 비유로 말씀하셨습니다. 아래 박스의 글과 같은 의미를 가진 속담을 찾아 O표를 해봅시다.

> 젊은이는 본인이 원하는 곳으로 가기전에 누구의 도움도 받지 않고 스스로 옷을 입지만, 늙은 사람은 두 팔을 벌려 다른 사람의 도움을 받아 옷을 입는다는 의미의 속담으로, 젊은 날의 민첩함과 늙었을 때의 무기력함을 대비시켜 자기의 의지와는 상관없이 누군가의 도움을 받고 이끌림을 받는 노인의 삶을 말한다.

1. 세 살 버릇이, 여든 살까지 간다.
2. 나이 들어 따뜻하게 지내고 싶으면, 젊은 시절에 난로를 만들어 놓아야 한다.
3. 젊어서는 스스로 띠 띠고 원하는 곳으로 다니지만, 늙어서는 팔을 벌리고 남이 네게 띠 띠우고 원하지 않는 곳으로 데려간다.
4. 늙은이는 자기가 두 번 다시 젊어 질 수 없다는 것을 알고 있지만, 젊은이는 자기가 나이를 먹는다는 것을 잊고 있다.

따라 쓰고 암송합니다

늙어서는 네 팔을 벌리리니
남이 네게 띠 띠우고 원하지 아니하는 곳으로 데려가리라

요한복음 21장 18절

"하나님은 타인의 돌봄과 이끌림을 받는 것이 노인의 삶이라고 말씀하십니다. 삶의 주도권을 내려 놓고 타인의 이끌림에 기꺼이 순응하는 삶을 받아들여 봅시다."

아래 타인의 돌봄이 필요한 부분을 인정하고 나를 도와줄 대상을 찾아봅시다.

신체적	경제적	정서적	신앙적
누구에게 어떤 도움	누구에게 어떤 도움	누구에게 어떤 도움	누구에게 어떤 도움
누구에게 어떤 도움	누구에게 어떤 도움	누구에게 어떤 도움	누구에게 어떤 도움

가정이나 공동체안에서 나의 결정권과 주도권을 내려놓고 자녀나 타인에게 이끌림을 받았던 경험들을 함께 나누어 봅시다.

어디든지 예수 나를 이끌면

새 찬송가 440장 (통일 497)

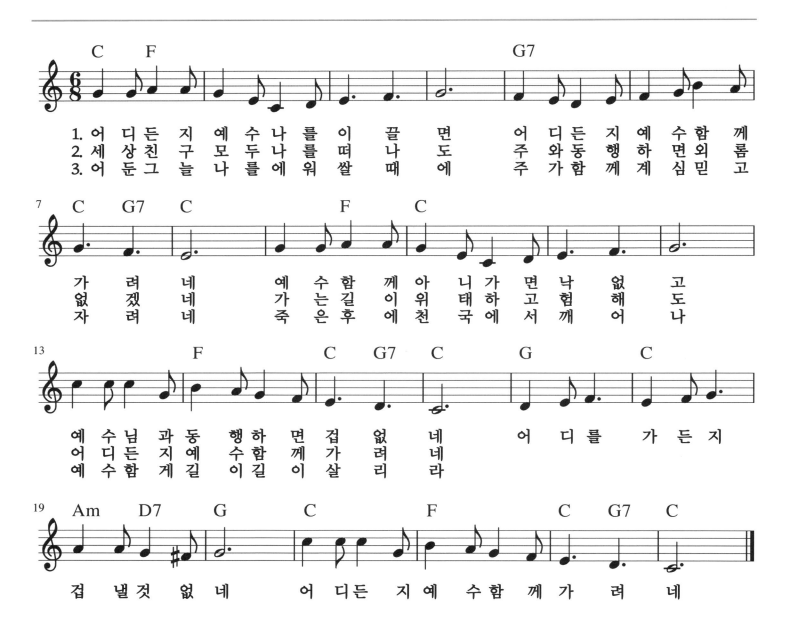

섬김과 도움을 받으세요

누가복음 2장 6~7절

예수님은 작은 어린아이의 모습으로 우리에게 오셨습니다. 어린아이이신 예수님은 당연히 돌봄이 필요했습니다. 예수님의 어머니 마리아는 아기 예수님을 품고 돌보셨습니다. 우리는 이 모습을 어떻게 상상할까요? 세상을 창조하시고 세상을 섭리하시고 세상을 당신의 뜻대로 이끌어가시던 하나님께서 지금 어린아이의 모습으로 어머니 마리아의 품에 안겨있는 것입니다. 예수님은 그렇게 성인이 되시기까지 부모인 요셉과 마리아의 돌봄과 교육을 받으셨습니다. 이것이 세상을 구원하기 위해 오신 하나님의 아들 예수 그리스도의 이 세상 첫 모습이었습니다.

우리는 여전히 강건하여 힘이 넘치고 여전히 풍부한 지식으로 세상을 이끌어갈 수 있으리라 생각합니다. 그러나 지금 거울 앞에 서서 이전보다 훨씬 연약해진 우리의 몸과 마음을 보십시오. 그리고 세상의 주인이신 예수님의 어린아이 된 모습을 생각하십시오. 우리는 이제 누군가의 이끌림을 받아야 합니다. 그것이 훨씬 하나님 나라의 삶에 가까운 모습입니다.

말씀을 묵상하고 마음에 와 닿는 구절이나 생각을 적어보세요.

가르치라

사도행전 28장 15~31절

외울말씀 : 바울이 온 이태를 자기 셋집에 머물면서 자기에게 오는 사람을 다 영접하고 하나님의 나라를 전파하며 주 예수 그리스도에 관한 모든 것을 담대하게 거침없이 가르치더라 **사도행전 28장 30-31절**

나는 바울입니다.

다메섹으로 가는 길에서 예수님을 만난 지도 이제 30여년이라는 긴 시간이 흘렀습니다. 그 시간동안 나는 로마 세계의 많은 곳을 다니며 예수 그리스도를 전했고 하나님나라를 선포했습니다. 그리고 수많은 교회를 세웠으며 하나님의 복음을 알지 못하는 사람들에게 예수님에 관한 모든 것을 가르쳤습니다. 지난날을 돌아보면, 나는 오직 믿음을 지키며 예수님께서 내게 주신 사명을 위해 최선을 다해 달려왔습니다. 그리고 지금, 나는 로마의 감옥에 갇혀 있습니다.

이제 나의 육신은 늙고 쇠하였으며, 죄수의 몸이 되어 있습니다. 하지만 나는 이곳에서 조차 복음을 가르칩니다. 찾아오는 사람들, 로마의 사람들에게 예수 그리스도의 십자가를 전합니다. 나는 비록 늙고 쇠약해진 노인이지만 나의 삶의 경험과 지혜로 믿음의 젊은이들을 일깨웁니다. 그들도 나처럼 복음에 사로잡혀 예수 그리스도의 십자가를 위해, 장차 도래할 하나님의 나라를 위해 살아가기를 가르칩니다. 죽음마저 예감되는 어떤 위협도 나의 일을 막을 수 없습니다. "하나님, 나에게 주신 사명을 마지막까지 잘 감당할 수 있도록 힘을 주소서."

바울은 어떤 상황에서도 하나님 나라와 예수 그리스도를 전했습니다. 그는 죽음을 앞둔 순간까지도 가르치는 일을 멈추지 않았습니다. ▧ 안에 알맞은 단어를 찾아 바울의 가르쳤던 말씀을 완성해봅시다.

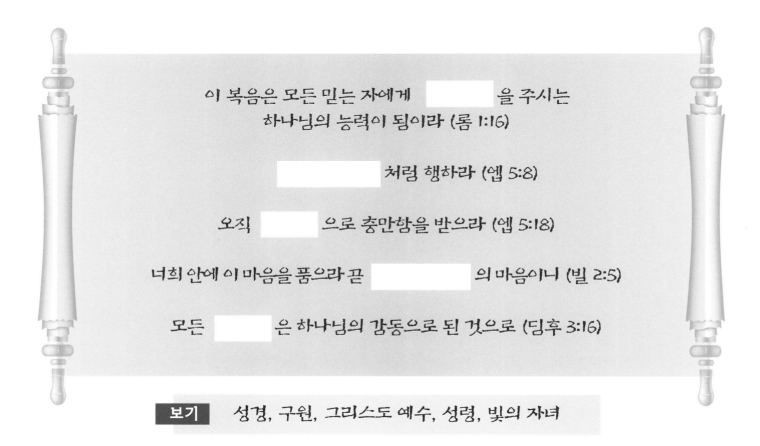

이 복음은 모든 믿는 자에게 ▢ 을 주시는
하나님의 능력이 됨이라 (롬 1:16)

▢ 처럼 행하라 (엡 5:8)

오직 ▢ 으로 충만함을 받으라 (엡 5:18)

너희 안에 이 마음을 품으라 곧 ▢ 의 마음이니 (빌 2:5)

모든 ▢ 은 하나님의 감동으로 된 것으로 (딤후 3:16)

보기 성경, 구원, 그리스도 예수, 성령, 빛의 자녀

따라 쓰고 암송합니다

주 예수 그리스도에 관한 모든 것을
담대하게 거침없이 가르치더라

사도행전 28장 31절

행동해요!

"하나님은 나에게 성경을 가르치라고 말씀하십니다. 자녀들과 다음세대에게 부지런히 복음을 가르치며 살아갑시다."

자녀와 자손들의 이름을 적고, 그들에게 가르쳐야 할 하나님의 말씀을 찾아 줄 긋기해 봅시다.

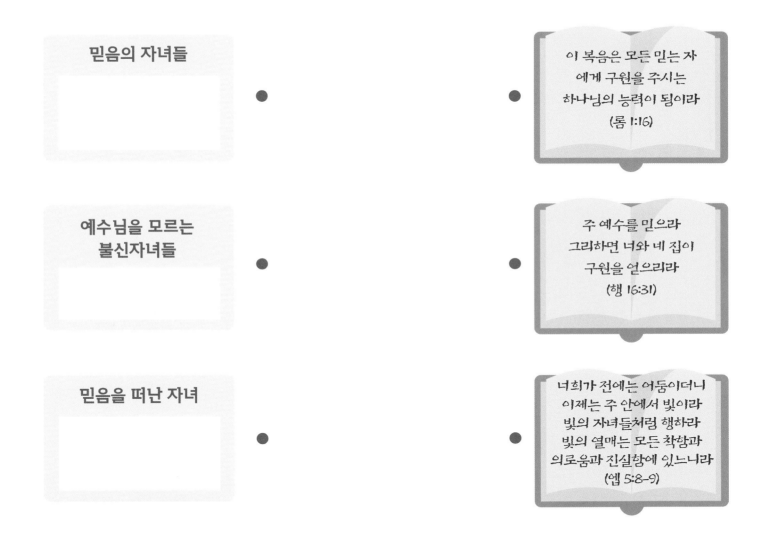

믿음의 자녀들

이 복음은 모든 믿는 자에게 구원을 주시는 하나님의 능력이 됨이라 (롬 1:16)

예수님을 모르는 불신자녀들

주 예수를 믿으라 그리하면 너와 네 집이 구원을 얻으리라 (행 16:31)

믿음을 떠난 자녀

너희가 전에는 어둠이더니 이제는 주 안에서 빛이라 빛의 자녀들처럼 행하라 빛의 열매는 모든 착함과 의로움과 진실함에 있느니라 (엡 5:8-9)

가정에서 자녀들에게 하나님의 말씀을 가르치고 있나요? 복음을 가르치는 일을 어떻게 하고 있는지 서로 이야기해 봅시다.

나의 사랑하는 책

새 찬송가 199장 (통일 234)

1. 나의 사랑하는 책 비록 해어졌으나 어머니의 무릎 위에 앉아서
2. 옛 날 용맹스럽던 다니엘의 경험과 유대 임금 다윗왕의 역사와
3. 예 수 세상계실 때 많은 고난당하고 십자가에 달려죽임 당한 일
4. 그 때 일은지나고 나의 눈에 환하오 어머니의 말씀 기억하면서

재 미 있게듣던 말 그때 일을 지금도 내가 잊지않고 기억합니 다
주 의 선지엘리야 바람타고 하늘에 올라 가던일을 기억합니 다
어 머 니가읽으며 눈물많이흘린것 지금 까지내가 기억합니 다
나 도 시시때때로 성경 말씀읽으며 주의 뜻을따라 살려합니 다

귀 하 고 귀하 다 우 리 어머니가들려주시던

재 미 있게듣던 말 이책 중에있으니 이 성경심히사랑합니 다

멋진 교사가 되세요

누가복음 23장 27~31절

예수님은 십자가를 지고 가는 고난의 길 가운데서도 여인들을 가르치셨습니다. 예수님은 밤새도록 이리저리 끌려 다니며 심문당하셨습니다. 예수님은 로마의 군사들에게 무지막지한 고문과 구타를 당하셨습니다. 그리고 예수님은 고문당한 사람이 감당하기 어려운 십자가를 지고 골고다를 향하여 가셨습니다. 예수님은 그 어려운 길 가운데서도 당신의 보살핌과 가르침을 필요로 하는 이들을 외면하지 않으셨습니다. 예수님께서는 당신을 위해 우는 여인들에게 예수님 자신이 아니라 여인들 자신의 아이들을 위해 슬퍼해야 한다고 가르치셨습니다. 예수님은 참으로 연약해진 육신 가운데서라도 돌봄과 가르침이 필요한 이들을 외면하지 않으셨습니다.

우리의 육신은 연약해졌고 정신마저 때로 혼미합니다. 그러나 우리는 우리의 남은 힘을 다 써서라도 우리의 자녀와 우리의 형제와 자매들을 가르치는 일에 신실해야 합니다. 하나님께서는 마지막 순간에 이르기까지라도 우리가 신실한 교사여야 한다고 말씀하십니다.

말씀을 묵상하고 마음에 와 닿는 구절이나 생각을 적어보세요.

격려하라 신명기 33장 28~29절

외울말씀 : 이스라엘이여 너는 행복한 사람이로다 여호와의 구원을 너 같이 얻은 백성이 누구냐 그는 너를 돕는 방패시요 네 영광의 칼이시로다 네 대적이 네게 복종하리니 네가 그들의 높은 곳을 밟으리로다 **신명기 33장 29절**

나는 모세입니다.

나는 이스라엘 사람으로 태어났지만 바로의 왕궁에서 자랐습니다. 40세에 죄를 짓고 도망자 신세로 광야에서 목동으로 살다가 80세에 하나님의 부르심을 받았습니다. 그 후 하나님의 명령에 순종하여 40년에 걸쳐 이스라엘 백성들을 하나님이 약속하신 땅으로 인도했습니다. 여러가지 어려움도 있었습니다. 슬프고 절망적인 상황도 많았습니다. 하지만 나와 이스라엘 백성들은 무사히 하나님이 약속하신 땅 가나안 앞까지 도착하였습니다.저기 내 눈 앞에 꿈에도 그리던 약속의 땅이 보입니다. 손에 잡힐 것만 같습니다.

나는 지금 약속의 땅에서 살아가게 될 이스라엘 백성들을 바라봅니다. 이스라엘 백성들은 하나님의 복을 받은 행복한 사람들입니다. 어두운 세상 속에 있지 않고, 하나님의 빛 가운데 있기 때문입니다. 세상의 불의를 따라 살아가는 것이 아니라, 우리를 온전하게 하시는 하나님의 뜻을 따라 살아가기 때문입니다. 나는 우리 이스라엘 백성들이 가나안 땅에서 잘 살았으면 좋겠습니다. 지금까지처럼 앞으로도 하나님을 믿고 의지하며 살아가기를 바랍니다. 하나님의 거룩하고 온전하신 뜻 안에서 살아가는 삶이야말로 가장 큰 복임을 기억하기 바랍니다. 사랑하는 이스라엘 백성들을 향한 나의 마지막 당부는 이것뿐입니다.

기억해요!

모세는 약속의 땅을 바라보며 이스라엘 백성들을 축복하고, 하나님의 백성의 삶을 살아가도록 격려했습니다. 이스라엘을 백성들을 향한 모세의 축복과 격려가 무엇인지 완성해 봅시다.

이스라엘을 위한 모세의 축복과 격려

율법의 모든 말씀을

하라

신명기 32장 46절

여호와께서 그를 날이이 마치도록

하시고

신명기 33장 12절

주 앞에 분향하고

를 주의 제단 위에 드리리로다

신명기 33장 10절

영원하신 하나님이 네

가 되시니

신명기 33장 27절

따라 쓰고 암송합니다

이스라엘이여 너는 행복한 사람이로다
여호와의 구원을 너 같이 얻은 백성이 누구냐

신명기33장 29절

행동해요!

"하나님께서는 우리에게 자녀와 신앙의 후배들이 믿음의 복된 삶을 살아가도록 격려하라고 말씀하십니다. 인생과 신앙의 선배로서 축복하고 격려하는 삶을 실천합시다."

자녀와 신앙 후배의 이름을 적고 격려와 축복의 말을 적어봅시다.

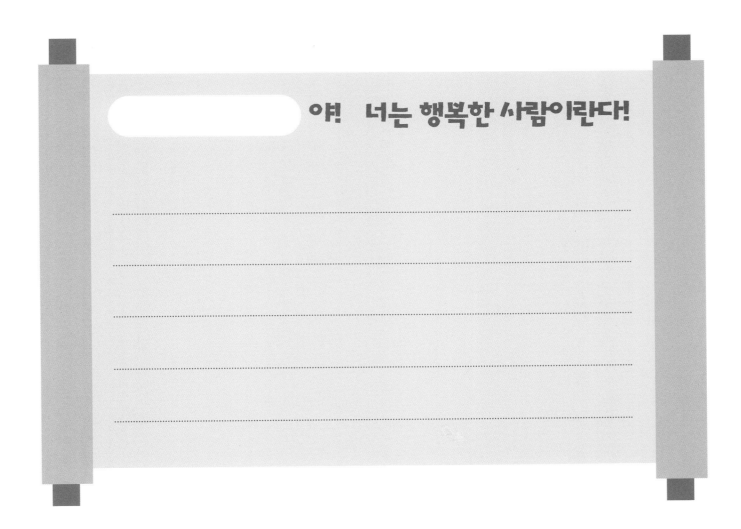

야! 너는 행복한 사람이란다!

여러 다른 후손과 후배들에게도 그들이 하나님 앞에서 얼마나 행복한 사람인지 알려주고 축복하고, 믿음을 지키며 복된 삶을 살아갈 수 있도록 격려합시다.

예수가 함께 계시니

새 찬송가 325장 (통일 359)

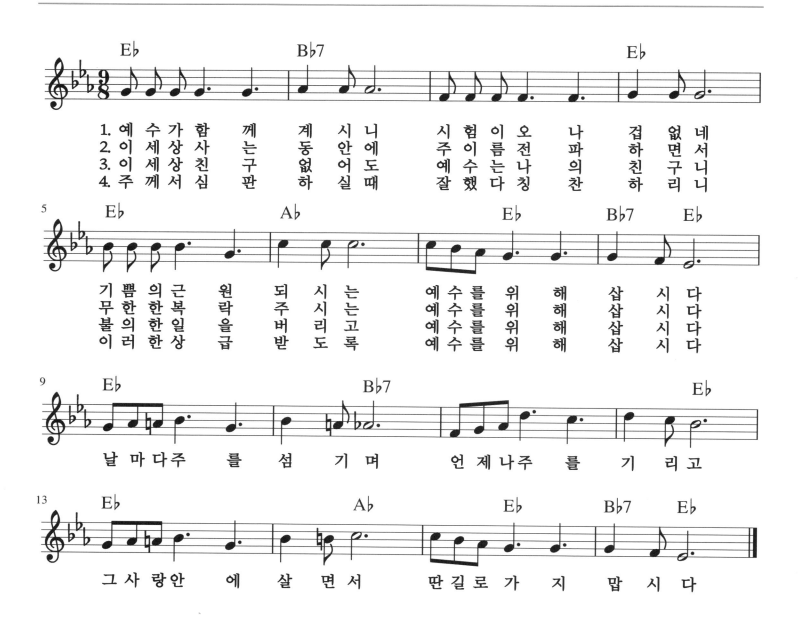

우리의 격려가 그들에게 큰 힘이 됩니다

창세기 12장 1~8절

예수님께서는 당신의 부활하신 모습을 제자들에게 보이셨습니다, 그리고 제자들을 걱정하시며 복음전도자로서 꼭 필요한 것들을 가르치시고 제자의 모습을 잘 갖추도록 이끄시며, 격려하셨습니다. 예수님께서는 그 따뜻한 말씀을 통해 복음 전도자로 세상 속에서 살아가야할 힘과 능력을 주셨습니다. 제자들은 예수님의 가르침과 격려 가운데 빛의 자녀요 제자로 살아갈 용기를 얻게 되었습니다. 예수님의 격려는 제자들에게 큰 힘이 되었습니다.

우리는 우리 자녀들과 우리 다음세대들에게 힘과 용기를 가지라고 격려할 줄 알아야 합니다. 그들은 이제 우리 없는 세상을 스스로 살아가야 합니다. 우리의 인도와 지원 그리고 격려 없는 그 차가운 세상에서 그들은 사명의 삶을 살아가야 합니다. 우리는 그래서 오늘 그들에게 신실하고 따뜻한 격려자가 되어야 합니다. 우리의 격려를 통해 우리 자녀들과 다음세대들은 힘과 용기를 얻어 하나님께서 말씀하신 약속의 땅으로 담대하게 행진하며 나아가게 될 것입니다.

> 말씀을 묵상하고 마음에 와 닿는 구절이나 생각을 적어보세요.

축복하라

창세기 49장 1~28절

외울말씀 : 이들은 이스라엘의 열두 지파라 이와 같이 그들의 아버지가 그들에게 말하고 그들에게 축복하였으니 곧 그들 각 사람의 분량대로 축복하였더라 **창세기 49장 28절**

나는 야곱입니다.

나는 형 에서와 아버지를 속여 장자의 축복을 가로챘습니다. 그리고 나는 도망자 같은 불안한 삶을 살았습니다. 남을 속여 가로챈 축복은 행복을 주지 않았습니다. 하지만 하나님은 나와 함께 하셨습니다. 하나님은 나를 버리지 않으셨고 나와 함께 하셨으며 나와의 약속을 지키셨습니다. 아내 라헬에게서 얻은 요셉을 잃었을 때는 정말 힘들었습니다. 다행히도 잃었다고 생각했던 요셉은 애굽에서 총리가 되어 성공적인 삶을 살았습니다. 나는 다른 가족들과 아들들과 더불어 요셉의 나라에 가서 여생을 보냈습니다.

이제 나는 죽음을 앞두고 있습니다. 할아버지 아브라함은 아버지 이삭에게, 그리고 아버지 이삭은 나 야곱에게 축복을 내려주었습니다. 나 역시 나의 열 두 아들에게 축복을 주려 합니다. 잘난 아들도 있고, 못난 아들도 있습니다. 기쁨을 주는 아들도 있고, 근심과 걱정만 안기는 아들도 있습니다. 그러나 나는 아들들의 모습 그대로 각각의 이름을 불러가며 그들을 축복합니다. "하나님! 그들의 있는 모습 그대로에 하나님께서 복을 더하시고 은혜를 더하시기를 기도합니다."

야곱은 아브라함과 이삭을 통해 이어진 믿음과 축복을 아들들에게 전했습니다. 야곱은 각자 아들들의 분량대로 축복했습니다. 아래 요셉을 위해 축복했던 기도를 소리 내어 읽으며 아버지 야곱과 마음을 함께 해 봅시다.

나의 사랑하는 아들 요셉아!

너는 샘 곁에 있는 무성한 가지로다. 그 가지는 담을 넘는구나.

원수들이 무섭게 너를 공격하며 활을 쏘고 추적하지만,

이스라엘의 반석이시며 목자가 되시는 전능하신 하나님의 능력으로

오히려 너의 활이 견고하고 너의 팔에 힘이 있으리라.

나 야곱의 하나님이 너를 도우실 것이며, 전능하신 하나님이 너를 축복하실 것이다.

위로 하늘의 복과 아래로 샘물의 복과 많은 자녀와 짐승을 기르는 복이 너에게 있을 것이다.

하나님이 나에게 주신 한없는 이 축복을 너의 머리에 내리기를 원하노라.

따라 쓰고 암송합니다

그들에게 축복하였으니
곧 그들 각 사람의 분량대로 축복하였더라

창세기 49장 28절

행동해요!

축복열매 스티커를 붙이고 축복나무를 만들어 봅시다.

가정에서 자녀들과 한 자리에 모여 축복의 예배를 드립시다. 자녀들의 이름을 부르며 믿음의 당부와 축복의 시간을 가져봅시다.

세상 모든 풍파 너를 흔들어

새 찬송가 429장 (통일 489)

1. 세 상 모 든 풍 파너를 흔 들 어 아 픈마음 낙심하게 될 때 에
2. 세 상 근 심 걱정너를 누르 고 십 자가를 등에지고 나 갈 때
3. 세 상 권 세 너의앞길 막을 때 주 만믿고 낙심하지 말 아 라

내 려 주 신 복을세어 보 아 라 주 의크신 복을네가 알 리 라
주 가 네 게 주신복을 세 어 라 두 렴없이 항상찬송 하 리 라
천 사 들 이 너를보호 하 리 니 염 려없이 앞만보고 나 가 라

받 은 복을세어보아 라 크 신복을 네가 알 리 라

받 은 복을 세어보아 라 주의크신 복을 네가 알 리 라

두 손을 들어 축복 기도합시다

요한복음 17장 1~26절

예수님께서는 십자가에 달리시기 전날 밤 제자들을 불러 모으시고 그들을 축복하셨습니다. 예수님은 제자들의 면면을 잘 알고 있기에 그 하나하나의 삶과 사명을 위해 기도해 주셨습니다. 예수님은 무엇보다 예수님 없이 이 세상에 남겨지는 제자들에 대하여 애틋한 긍휼의 마음을 가지셨습니다. 그리고 예수님 없는 제자들의 삶을 위해 진지하게 하나님께 기도하셨습니다. 또 예수님께서는 이 세상에 남겨진 제자들이 그 주어진 사명에 충실하여 신실한 하나님의 사람들로 바르게 서기를 바라고 그것을 위해서도 하나님께 기도하셨습니다.

우리에게 주어진 특권 가운데 하나는 바로 기도하며 축복하는 일입니다. 우리의 자녀들 우리의 제자들, 우리의 후배들은 곧 우리 없는 세상을 살게 될 것입니다. 우리는 그들의 삶을 대신 살아줄 수 없습니다. 때문에 우리는 마땅히 그들을 위해 기도하고 미래를 축복해야 합니다. 지금이야 말로 자녀와 제자들, 그리고 후배들을 위해 두 손을 들고 기도할 때입니다.

말씀을 묵상하고 마음에 와 닿는 구절이나 생각을 적어보세요.

기다리라

누가복음 2장 25~38절

외울말씀 : 과부가 되고 팔십사 세가 되었더라 이 사람이 성전을 떠나지 아니하고 주야로 금식하며 기도함으로 섬기더니 **누가복음 2장 37절**

나는 안나입니다.

나는 매일 성전으로 향합니다. 결혼한 지 7년 만에 남편이 죽고 홀로 남은 나에게 하나님의 성전은 안식처였습니다. 성전에 거하며 나는 하나님의 위로를 구했습니다. 나는 하나님을 사랑했습니다. 하나님의 말씀을 진실로 믿었습니다. 하나님의 성전에서 밤낮으로 기도하고 금식하며 하나님을 예배했습니다. 나는 경건하고 의로운 사람 시므온이 하나님으로부터 받은 약속의 말씀을 들었습니다. 나와 시므온은 하나님의 약속을 믿으며 메시아를 기다렸습니다. 하나님의 약속이 이루어지기를 기도하며 오랜 시간을 기다렸습니다.

나와 시므온은 이제 늙고 쇠약해졌습니다. 하지만 오늘도 우리는 하나님의 성전에서 기도합니다. 멀리서 시므온이 기쁨에 찬 목소리로 누군가를 축복하는 소리가 들려옵니다. 달려가 시므온의 두 팔에 안긴 아기를 바라봅니다. 그분은 바로 우리가 평생을 기다리던 메시아였습니다. 일생동안 하나님의 말씀을 간직하며 기다렸던 나에게 하나님은 메시아 예수님을 대면하게 하셨습니다. 하나님은 기다리는 자에게 큰 기쁨을 선물로 주셨습니다. 나는 이제, 남은 나의 일생동안 메시아를 고대하는 모든 사람들에게 우리의 구원자 되시는 예수님 전합니다.

안나와 시므온은 하나님의 구원을 기다렸습니다. 성전을 떠나지 않았습니다. 하나님을 예배했습니다.
주야로 기도했습니다. 글자 박스에서 안나와 시므온의 모습을 찾아봅시다.

예	성	메	**성**	레	지	파	헌	근	기
하	시	성	전	온	**금**	식	함	을	다
나	아	도	에	성	메	수	음	의	리
님	선	께	서	에	**섬**	김	로	만	**경**
의	물	기	기	배	서	운	남	님	건
약	기	님	도	함	삶	기	배	예	한
속	림	나	안	수	선	물	도	율	삶
을	기	**하**	나	님	께	예	배	함	법
믿	시	고	님	바	누	안	나	엘	건
음	므	안	함	**성**	령	님	과	동	행

하나님의 약속을 믿음
성전에서 기도
금식
경건한 삶
하나님께 예배
성령님과 동행
섬김

이 사람이 성전을 떠나지 아니하고
주야로 금식하며 기도함으로 섬기더니
누가복음 2장 37절

행동해요!

"우리는 하늘나라를 소망하며 기다리는 사람들입니다. 매일 성전에서 기도하고 말씀 묵상하며 믿음을 지키고, 거룩한 삶을 살아갑시다."

아래 기다림의 촛대에 스티커를 붙이고, 예수님의 재림을 기다리는 삶을 실천해 봅시다.

주님을 기다리는 그리스도인으로서 더욱 열심히 실천해야 할 일을 찾아보고 함께 나누며 격려해 봅시다.

하나님의 나팔 소리

새 찬송가 180장 (통일 168)

1. 하 나 님의나팔소 리천 지 진 동할 때에 예 수 영 광중에구 름타 시 고
2. 무 덤 속에잠 자는 자그 때 다 시일어나 영 화 로 운부활승 리언 으 리
3. 주 님 다시오 실날 을우 리 알 수없으니 항 상 기 도하고깨 어있 어 서

천 사 들 을세 계만 국모 든 곳 에보내어 구 원 받 은성 도들 을모 으 리
주 가 택 한모 든성 도구 름 타 고올라가 공 중 에 서주의 얼 굴뵈 오 리
기 쁨 으 로보 좌앞 에우 리 나 가서도록 그 때 까 지참 고기 다 리 겠 네

나팔불 때나 의이 름나 팔불 때나 의이 름

나 팔 불 때나 의이 름 부 를 때 에잔 치참 여하 겠 네

기다릴 줄 아는 하루하루가 됩시다

사도행전 1장 9~11절

예수님께서는 마지막 하늘로 올라가시던 날 제자들에게 "다시 올 것"을 약속하셨습니다. 천사들은 예수님의 마지막 모습을 바라보고 있던 제자들에게 "예수님은 당신들이 본 모습 그대로 다시 오실 것"이라고 말했습니다. 예수님의 제자들은 이제 예수님께서 다시 오실 날을 기다릴 줄 아는 사람들입니다. 예수님의 제자들은 섣부르고 성마른 마음으로 하루하루를 살지 않습니다. 예수님의 제자들은 각자 자기 삶의 자리에 신실하게 서서 기도하는 가운데 인내하며 예수님께서 다시 오실 날을 기다릴 줄 아는 사람들입니다.

오늘 우리는 우리 스스로와 우리의 자녀들, 가족들, 우리 교회 공동체와 이웃들을 향하여 기다릴 줄 아는 미덕을 전해주어야 합니다. 세상은 너무 성마르게 황급히 돌아갑니다. 기다릴 줄 모르고 인내할 줄 모르는 이들의 성급함이 세상을 무자비한 슬픔과 고통으로 몰고 갑니다. 우리는 성급하기만 하여 실수만 연발하는 분요한 세상을 향하여 "차분히 기다리세요. 하나님께서 이루실 겁니다."라고 조용히 말할 줄 아는 어른들이어야 합니다.

말씀을 묵상하고 마음에 와 닿는 구절이나 생각을 적어보세요.

풍성한 노년을 살아가는 그리스도인을 위한 말씀공부 교재

말씀세대

교사용 가이드

1. 가라

1. 본문말씀 : 창세기 12장 1~6절

2. 외울말씀 : 창세기 12장 1절

여호와께서 아브람에게 이르시되 너는 너의 고향과 친척과 아버지의 집을 떠나 내가 네게 보여 줄 땅으로 가라

3. 핵심단어 : '가라', lek, 레크

4. 말씀이해

일반적으로 노년기는 무언가를 시작하는 시기라기보다 정리하고 마무리해야할 시기로 이해한다. 따라서 많은 노인들은 새롭게 무엇을 하기 보다는 '하지 않는 쪽을 선택'한다. 어쩌면 노년의 삶은 무언가 새로운 과제가 주어졌을 때 주저하거나 부정적인 태도를 취하는 것이 당연할 수 있다. 그러나 성경은 아브람을 통해 노년으로 떠나는 인생을 이야기한다. 노년의 새로운 세계 앞에서 당당하고 주저하지 않으며 말씀을 의지하고 가는 삶의 본을 보여 주는 것이다.

본문에서 '가라'로 번역되는 '레크(lek)'는 실제로 어디를 향해 가거나 혹은 오는 행위를 의미한다. 사무엘상 17장 37절은 다윗이 골리앗과의 싸움에서 나가기를 원할 때 사울이 다윗에게 "가라 여호와께서 너와 함께 계시기를 원하노라"라고 말한다. 이때 사용된 것이 바로 '레크'이다. 그 밖에도 '레크'는 어떠한 일들을 실제로 '행하다'(왕상3:3)라는 뜻으로도 빈번하게 사용 되었다.

하나님은 아브람에게 아직 명시되지 않은 땅을 향하여 가족을 데리고 떠나라고 명령하신다. 아브람은 75세가 되던 해에 전에 알지 못했던 다른 삶으로의 초대를 받았다. 아브람은 자신의 많은 나이와 하나님께서 지시하신 그 땅에 살고 있는 사람들의 존재가 두려울 수 있었다. 그럼에도 그는 순종했다. 하나님의 약속에 대한 철저한 믿음 때문이었다. 이 믿음 때문에 그는 익숙하고 안전하게 살았던 지금의 삶을 정리하고 새로운 길을 향해 나갈 수 있었다. 새로운 삶으로의 부르심에 순종하며 담대하게 들어선 아브람은 결국 아브라함(열국의 아비)이라는 새 이름을 얻게 된다. 그야말로 새 인생을 맞이하게 된 것이다. 노년의 삶은 사실 반갑지 않을 수 있다. 그러나 그 낯설고 익숙하지 않은 그 곳 또한 하나님이 함께 하심으로 새로운 부르심의 자리가 될 수 있다. 노년은 인생의 끝이 아니라 새로운 시작이다.

노인은 하나님의 부르심이 젊은이들의 전유물이 아님을 기억해야한다. 노인 또한 아브라함처럼 부르심의 자리에 설 수 있다. 노인에게 어울리는 하나님의 부르심을 듣고 그 새로운 인생길을 떠날 줄 알아야 한다. 이 과를 배운 노인은 첫째, 노년의 새 삶으로 부르심 받은 아브라함을 배운다. 둘째, 노인인 자신을 부르시는 하나님의 음성을 듣고 담대하게 일어서서 노인의 삶을 계획한다. 셋째, 인생의 새로운 사명의 자리로 부르시는 하나님의 음성에 귀기울이는 삶을 살아간다.

1. 본문 창세기 12장1~6절을 읽는다.
2. **말씀이야기**: 아브라함이 어떤 사람인지 기본적인 정보를 들려주고 구성원 중 한 사람이 이야기를 읽도록 한다. 이야기를 읽은 후 오른 쪽 그림 속 아브라함이 무엇을 하고 있는지 각자 이야기를 나누도록 인도한다.
3. **기억해요**: 말씀이야기를 보면서 아브라함의 여정을 선으로 그어가며 가나안까지 연결해 보도록 한다. 우르와 하란, 소돔이나 이집트 등은 최종 목적지가 아니었음을 상기시킨다. 선긋기를 마친 후 아래 요절을 여러 번 읽도록 하고 따라 써 보도록 지도한다.
4. **행동해요**: 노년의 삶으로 아브라함을 부르신 하나님을 생각하며 우리 각자의 노년의 삶으로 부르시는 하나님의 음성을

듣는 경험을 나누도록 한다. 그리고 부름 받은 노년으로서 가정과 교회 그리고 지역사회에서 바른 삶을 이야기 나누도록 한다. 정답은 없으니 서로의 경험과 의견을 적극적으로 나누도록 안내한다. 이야기가 진행되는 동안 가능한 서로 격려하도록 지도한다.

5. **찬양과 묵상**: 함께 찬양한 뒤 주어진 묵상문을 본문 말씀과 함께 읽도록 하고 합심기도 시간을 갖는다.

6. 인도자는 묵상문을 가지고 부름 받은 노년의 그리스도인으로서 한 주일을 신실하게 살아가도록 권면한 뒤 성경공부를 마친다.

2. 동행하라

1. 본문말씀: 창세기 5장 21~24절

2. 외울말씀: 창세기 5장 24절

에녹이 하나님과 동행하더니 하나님이 그를 데려가시므로 세상에 있지 아니하였더라

3. 핵심단어: '동행하다', halak, 할라크

4. 말씀이해

누군가와 '동행'하는 일은 인생의 축복이며 은혜이다. 노인은 홀로 걷고, 홀로 사는 일의 폐해를 잘 아는 동시에 같이 걷고, 같이 살아가는 동행의 가치를 잘 안다. 그리고 결혼생활과 사회생활을 통해 노인은 사람의 삶이라는 것이 홀로 이루어질 수 없음을 누구보다 잘 안다. 성경은 인생의 동행 가운데 가장 중요한 것은 바로 하나님과의 동행이라고 말한다. 우리를 지으시고, 우리를 섭리하시며, 우리에게 바르고 복된 길을 안내하시는 하나님과의 동행은 인생 최고의 복이며 기쁨일 것이다. 결국 그리스도인으로서

노인의 삶이란 하나님과 동행하는 삶을 실제로 살아가고, 그 기쁨과 가치를 후손들과 이웃에게 전할 줄 아는 삶이다.

본문에서 '동행하다'로 번역되는 할라크 (halak) 동사는 대체로 '걷다', '가다'로 사용된다. 그러나 레위기 18장 4절에서는 하나님께서 모세에게 이스라엘 백성들을 향해 '너희는 내 법도를 따르며 내 규례를 지켜 그대로 행하라'라고 하실 때 '행하다'로 사용되었다. 따라서 하나님과 동행한다는 것은 하나님의 법도와 규례를 지키며 행하는 삶임을 의미한다.

본문은 하나님과 동행한 에녹에 대한 이야기이다. 에녹은 가인과 그 후손의 타락한 마음이 지배하는 세상에서도 하나님과 '동행하며' 살았던 하나님의 사람이다. 하나님과의 동행했던 에녹의 삶은 단지 신앙적이고 영적인 부분에만 국한된 것이 아니라 삶의 모든 부분을 포함한다. 에녹은 무두셀라를 낳은 65세 이후 늘 하나님과 동행하며 또 자손을 낳고 살았다. 히브리서는 에녹이 65세 이후 300년을 하나님과 동행하면서 하나님을 기쁘시게 하며 살았다고 말하고 있다(히 11:5). 결국 하나님과 동행한다는 것은 하나님과 함께하며 하나님께서 기뻐하시는 삶을 살았음을 의미한다. 인생의 마지막 부분을 하나님과 동행하며 살았던 에녹의 이야기는 오늘 논년을 살아가는 그리스도인에게 큰 귀감이 된다. 그리스도인으로서 노인은 에녹처럼 하나님과 동행하는 가운데 하나님께서 기뻐하시는 일들을 이루며 살다가 하나님의 부르심을 받는 일이야 말로 그리스도인 노인의 가장 큰 복된 모습일 것이다.

노년의 그리스도인의 삶에서 가장 은혜스러운 일은 아마도 하나님과 동행하는 일일 것이다. 이 과를 배운 노인은 첫째, 에녹이 인생의 후반부에 하나님과 동행하며 하나님께서 기뻐하시는 삶을 살았음을 배운다. 둘째, 노인 각자의 삶에서 하나님과 동행하

는 삶의 구체적인 방법을 마련하고 실천한다. 셋째, 하나님과 동행하는 삶을 묵상하고 각자의 삶 곳곳에서 하나님과 동행하는 모습을 세워간다.

> 1. 본문 창세기 5장 21~24절을 읽는다.
> 2. **말씀이야기**: 에녹이 어떤 사람인지 기본적인 정보를 들려주고 성경공부에 참석한 한 사람으로 하여금 이야기를 읽도록 한다. 이야기를 읽은 후 오른 쪽 그림에 등장하는 에녹이 어떤 삶을 살았고 지금은 무엇을 하고 있는지 이야기를 나누도록 안내한다.
> 3. **기억해요**: 말씀이야기를 보면서 에녹의 삶 가운데 하나님께서 함께 하셨을 때와 그렇지 않았을 때를 구별해 보도록 안내한다. 각자 찾고 구별하는 시간을 갖도록 한 뒤 에녹의 삶에는 언제나 어느 순간이나 하나님께서 함께 하셨음을 말한다. 선긋기를 마친 후 아래 요절을 여러 번 읽도록 하고 따라 써보도록 지도한다.
> **정답**: 가족 모두가 행복했을 때, 내가 건강했을 때, 자녀가 태어났을 때, 친구와 다툼이 있었을 때, 자녀가 아팠을 때, 매일의 삶이 순탄할 때, 하던 일이 실패했을 때, 경제적으로 어려웠을 때 등 모든 순간에 하나님은 함께 하신다.
> 4. **행동해요**: 지문으로 주어진 삶의 각 순간 마다 기도하고 찬양하고 말씀을 보는 행동을 통해 하나님과 동행할 수 있다. 이제 구성원들에게 기도와 찬양 그리고 말씀보기를 언제 어디서 어떻게 할지에 대해 묻고 서로 이야기를 나누도록 안내한다. 그리고 각자 자기 삶에서 하나님께서 동행하셨던 경험을 간증하듯 나눌 수 있도록 안내한다.
> 5. **찬양과 묵상**: 함께 찬양한 뒤 주어진 묵상문을 본문 말씀과 함께 읽도록 하고 합심기도 시간을 갖는다.
> 6. 인도자는 묵상문을 가지고 부름 받은 노년의 그리스도인으로서 한 주일을 신실하게 살아가도록 권면한 뒤 성경공부를 마친다.

3. 일어나라

1. 본문말씀 : 창세기 23장 1~20절

2. 외울말씀 : 창세기 23장 2~3절

사라가 가나안 땅 헤브론 곧 기럇아르바에서 죽으매 아브라함이 들어가서 사라를 위하여 슬퍼하며 애통하다가 그 시신 앞에서 일어나 나가서 헷 족속에게 말하여 이르되

3. 핵심단어 : '일어나다', qum, 쿰

4. 말씀이해

노년기의 죽음은 삶의 끝에서 만나는 자연스러운 사건이다. 노인은 죽음을 단지 절망과 두려움만으로 느끼지 않는다. 노인은 죽음을 인생의 끝으로만 생각하며 회피하기보다는 삶의 일부분으로 받아들이는 태도를 갖고 그것을 자녀들과 인생 후배들에게 본을 보여야 한다. 어느 누구도 죽음은 피할 수 없다. 특별히 배우자나 가족, 가까운 지인들의 죽음은 그 자체로 깊은 상실감과 죄책감, 슬픔과 두려움의 상태로 빠지게 한다. 그러나 이럴 때일수록 노인은 스스로를 포함하여 가족과 친지들이 절망의 자리에만 머물러 있지 말고, 예수그리스도의 부활과 천국에 대한 소망을 의지하여 일어나라고 말할 줄 아는 지혜롭고 담대한 사람들이어야 한다.

본문에서 '일어나다'로 번역되는 '쿰(qum)'은 앉아있던 자리에서 몸을 일으켜 서는 행위를 의미한다. 특별히 '일어나다' 단어는 하나님의 말씀에 순종하여 어떠한 곳으로 가기 위해 일어날 때(욘3:3), 또는 어떠한 행동을 하기 위하여 움직여 일어날 때(삼상9:3, 창13:17) 사용되었다. 신약성경에서도 이 말은 구약과 같은 의미로 사용되었으며(마9:9, 행10:19-20; 22:10), 특별히 앉아서 지속적으로 하던 것으로부터 일어나 어떤 행동을 새롭게 할

때에도 사용되었다(눅22;45).

　　지금 아브라함은 아내 사라의 죽음을 대면하고 있다. 사라는 아브라함의 인생에 있어서 진정한 동반자였다. 갈대아 우르를 떠나 죽는 날까지 아브라함의 곁을 지키며 파란만장했던 시간들을 남편 아브라함과 함께했다. 아브라함은 그러나 사라의 죽음 앞에서 마냥 슬퍼하기만 하지 않았다. 그는 평생을 함께한 아내 사라와 나머지 가족을 위해 자신이 할 수 있는 모든 것을 했다. 아브라함은 사라의 시신 앞에서 일어났다. 그리고 시신을 매장할 땅을 구하기 위해 최선을 다하며 장례준비를 했다. 아브라함은 슬픔의 자리에서 일어나 자신이 마땅히 해야 할 일을 했다. 의연하게 사랑하는 사람을 떠나보내는 아브라함의 모습이야말로 노년기를 살아가는 그리스도인들이 배우자나 가족, 가까운 지인들의 죽음을 받아들이는 모습이어야 할 것이다.

　　노년기를 살아가는 그리스도인들은 절망의 자리, 죽음의 자리에 앉아만 있어서는 안 된다. 죽은 자를 위해 그리고 가족을 위해 그 자리에서 일어나야 한다. 이 과를 배운 노인은 첫째, 아브라함이 죽은 사라의 장례를 위해 사라의 시신 앞에서 일어났음을 기억한다. 둘째, 나의 삶 속에서 상실로 인해 겪은 절망의 순간들을 적어보며 슬픔을 딛고 일어날 것을 다짐해본다. 셋째, 상실과 슬픔의 자리에서 일어나는 삶을 살아간다.

> 1. 본문 창세기 23장 1~4절을 읽는다.
> 2. **말씀이야기**: 1과에서 다루었던 아브라함이 어떤 사람인지 다시 한 번 정보를 들려주고 한 사람으로 하여금 말씀 이야기를 읽도록 한다. 이야기를 읽은 후 오른 쪽 그림에 등장하는 아브라함에게 어떤 일이 있었고 지금은 무엇을 하고 있는지 이야기를 나누도록 안내한다.
> 3. **기억해요**: 말씀이야기를 보면서 아브라함이 아내 사라의 장

> 례를 치르면서 했던 일들을 순서대로 적어보도록 인도한다. 그리고 아내 사라를 잃은 슬픈 상황에서도 어른다운 행동을 한 아브라함의 모습을 강조하여 들려준다. 순서찾기를 마친 후 아래 요절을 여러 번 읽도록 하고 따라 써보도록 지도한다.
> 　**정답**: ① 슬퍼하며 애통했다
> 　　　② 시신 앞에서 일어났다
> 　　　③ 헷족속에게 값을 지불하고 막벨라굴을 샀다
> 　　　④ 아내 사라를 장사하였다
> 4. **행동해요**: 아래의 질문을 따라서 노년으로서 본인의 행동을 살펴보도록 한 뒤 각 질문에 대하여 어른으로서 바른 대답을 찾아보도록 안내하고 서로 이야기를 나누어보도록 한다. 본 활동은 모든 질문에 대한 어른스런 대답은 '예'가 되도록 구성했다. ○표를 하는 활동을 마친 후 어른된 삶을 살고 있는지 스스로를 돌아보며 이야기를 나누어보도록 안내한다.
> 5. **찬양과 묵상**: 함께 찬양한 뒤 주어진 묵상문을 본문 말씀과 함께 읽도록 하고 합심기도 시간을 갖는다.
> 6. 인도자는 묵상문을 가지고 부름 받은 노년의 그리스도인으로서 한 주일을 신실하게 살아가도록 권면한 뒤 성경공부를 마친다.

4. 사랑하라

1. 본문말씀 : 요한일서 3장 11~24절

2. 외울말씀 : 요한일서 3장 23~24절

그의 계명은 이것이니 곧 그 아들 예수 그리스도의 이름을 믿고 그가 우리에게 주신 계명대로 서로 사랑할 것이니라 그의 계명을 지키는 자는 주 안에 거하고 주는 그의 안에 거하시나니 우리에게 주신 성령으로 말미암아 그가 우리 안에 거하시는 줄을 우

리가 아니니라

3. 핵심단어 : '사랑하다', agapao, 아가파오

4. 말씀이해

'어떻게 나이 들어야 잘 사는 것인가'라 물음은 성숙한 노년의 삶을 준비하는 긍정적인 출발이 된다. 성숙한 삶은 경제적이고 환경적인 외부요인보다 마음가짐과 내면의 태도가 더욱 중요하다. 상대방을 이해하고 배려하는 마음은 타인과의 원활한 관계를 형성하게 하며, 온유한 말과 친절한 행동은 타인과의 관계를 유지하는 중요한 요소가 된다. 성경은 그리스도인들의 성숙한 삶을 사랑의 삶이라고 말한다. 친구를 위해 목숨을 버릴 수 있는 사랑(요15:3), 이웃을 내 자신같이 사랑하는 것(말12:31)이야말로 성숙한 삶을 살아가는 노년의 모습이어야 할 것이다. 노인일수록 마음의 품이 넓어야 하는 것은 인생의 중요한 교훈이 되는 것이다.

본문에서 '사랑하다'로 번역되는 아가파오(agapao)동사는 '내가 사랑한다'는 의미로, 사랑하는 마음을 가지고 사랑하는 마음과 똑같이 행동하는 것을 뜻한다. 성경은 '하나님의 생명으로 하는 사랑', 즉 죄인 된 인간을 위해 하나님의 생명을 내어주는 사랑을 말할 때 사용하고 있다.

이제 노년이 된 사도 요한은 서로 사랑해야함을 강조한다. 예수님과 생명을 살리는 사랑을 먼저 보여주셨기 때문에, 우리는 그 본보기를 따라 사랑을 실천하는 삶을 살아야한다. 노인 요한은 우리가 형제를 사랑하는 방법을 구체적으로 설명한다. 먼저 형제를 미워하지 말고 형제를 위하여 목숨을 버리기까지 사랑하라고 말한다(15-16절). 재물을 가지고 형제의 궁핍함을 보고도 도와 줄 마음을 닫으면 하나님의 사랑이 거하지 않는 것이라고 단호하게 말하기도 한다(17절). 사랑의 실천은 우리가 하나님의 참 자녀임을 그러내는 증거이다. 말과 혀로만 사랑하는 것이 아니라

구체적인 행동으로 그 진실함을 보여야한다. 성령 안에서 사랑의 삶을 살아갈 때 우리는 비로소 하나님과 하나 될 수 있음을 기억해야한다. 그리스도인들은 하나님의 사랑 안에 거하는 자들이다. 사랑은 그리스도인들로 하여금 하나님과 확실한 영적인 교제를 누리게 해준다. 서로의 입장에서 형제를 이해하고, 동정심을 가지고 형제들을 돌보며 하나님 안에 거하는 것이야 말로 노년기를 살아가는 그리스도인들의 능동적인 모습이어 할 것이다.

노년기를 살아가는 그리스도인들은 하나님의 사랑하시는 마음으로 진실하게 형제들을 사랑하는 삶을 살아야한다. 이 과를 배운 노인은 첫째, 사랑의 실천이 우리가 구원받은 하나님의 자녀임을 증거 하는 것임을 기억한다. 둘째, 하나님이 기뻐하시는 사랑의 삶이 무엇인지 찾고 실천한다. 셋째, 진실한 행함으로 사랑을 실천하는 삶을 묵상하고 전하는 신실한 노인의 삶을 도모한다.

---

1. 본문 요한일서 3장 11~24절을 읽는다.
2. **말씀이야기**: 사도 요한이 어떤 사람인지 간단하게 정보를 들려주고 한 사람으로 하여금 말씀 이야기를 읽도록 한다. 이야기를 읽은 후 오른 쪽 그림에 등장하는 요한이 지금 사랑을 베푸는 것에 관하여 어떤 일을 하고 있는지 이야기를 나누도록 안내한다.
3. **기억해요**: 말씀이야기를 보면서 요한일서 3장 18절과 14절, 그리고 24절의 빈칸을 아래 정답과 같이 완성해 보도록 한다. 그리고 요한일서 3장 24절의 요절을 여러 번 큰소리로 함께 읽고 암송해 보도록 지도한다.

정답:① 요한일서 3장 18절: 행함과 진실함으로 하자
　　② 요한일서 3장 14절: 사망에서 옮겨 생명으로 들어간
　　　 줄을 알거니와
　　③ 요한일서 3장 24절: 그의 계명을 지키는 자는 주 안에

거하고

4. **행동해요**: 아래의 질문을 따라서 노년의 그리스도인으로서 품고 이해하며 사랑해야할 세 명의 이름을 적어보고 그들을 어떻게 사랑해야할 지에 관하여 구체적인 방법을 기록해 보도록 한다. 그리고 사랑을 실천해야할 과제가 더 있다면 아래 질문을 읽으며 함께 나누고 넉넉하게 사랑을 실천하는 너그럽고 품이 넓은 노년의 그리스도인이 되도록 서로 격려해 보자.

5. **찬양과 묵상**: 함께 찬양한 뒤 주어진 묵상문을 본문 말씀과 함께 읽도록 하고 합심기도 시간을 갖는다.

6. 인도자는 묵상문을 가지고 부름 받은 노년의 그리스도인으로서 한 주일을 신실하게 살아가도록 권면한 뒤 성경공부를 마친다.

5. 선대하라

1. **본문말씀** : 룻기 1장 6~10절
2. **외울말씀** : 룻기 1장 8절

나오미가 두 며느리에게 이르되 너희는 각기 너희 어머니의 집으로 돌아가라 너희가 죽은 자들과 나를 선대한 것 같이 여호와께서 너희를 선대하시기를 원하며

3. **핵심단어** : 선, kheh'-sed, 헤세드

4. **말씀이해**

노인은 상대에게 선대하는 삶을 살아야 한다. 노인의 삶은 그 삶의 풍부한 경험과 연륜으로 상대에게 여유를 주고 상대를 품을 줄 알아야 한다. 그리고 삶 가운데 상대를 선하게 대하는 모습이 아름답게 드러날 수 있어야 한다. 노인이라고해서 상대를 선대한다는 것이 쉬운 일은 아니다. 노인도 상대가 자신을 악하게 대하고 있다는 것을 알며, 모든 상대를 선하게 대한다는 것이 말처럼 쉬운 일은 아니라는 것을 잘 안다. 그러나 노인은 젊은이들보다 깊고 풍성하며 넓은 품을 가진 사람들이다. 결국 상대에게 선대하는 일은 하나님께서 노인에게 주신 넉넉한 능력일 것이다.

본문에서 '선대'로 번역된 헤세드(kheh'-sed)는 '인자함, 선행, 친절하게'라는 의미를 갖는다. 본문은 이 헤세드를 '행하다'라는 의미의 아싸(asah) 동사와 함께 사용하여 '선대하다'로 표현하고 있다. 성경이 말하는 선함은 매우 폭이 넓은 것이다. 성경은 하나님을 항하여 그리고 이웃을 향하여 무엇보다 원수를 향하여서도 선한 삶을 강조한다. 이웃과 세상을 향한 그리스도인의 선대는 하나님의 세상을 향한 선하신 뜻이 드러나는 통로이기 때문이다.

본문에서 나오미는 이방 모압 땅에서 남편과 자식들을 모두 잃고, 결국 두 며느리들을 위해서도 더 이상 아무 것도 해줄 것이 없는 형편에 이르게 된다. 그 때 나오미는 며느리 룻과 오르바가 가족과 남편들에게 행했던 선대를 기억하였다. 그리고 룻과 오르바에게 하나님의 선대하심(헤세드)이 있기를 기원한다. 나오미는 자신의 마지막 선대로서 남편을 잃은 며느리들이 새 삶을 살 수 있도록 한다. 본문은 온통 상대방을 향한 선한 대접 일색이다. 며느리들은 남편과 가족, 시어머니를 선대했으며 시어머니는 며느리를 선대한다. 무엇보다 시어머니 나오미는 하나님의 선하신 뜻과 인도가 자신들의 상호적 선대에 연합하기를 기원한다. 상대방을 계산으로만 대하려는 오늘 세상의 한복판에서 노년을 살아가는 그리스도인은 선대의 가치와 중요성을 잃지 말아야 한다. 노인의 입장에서 자신이 먼저 선대함으로 함께 살아가는 가족들과 공동체 그리고 이웃 가운데 선대함이 풍성해 질 수 있음을 기억해야한다. 그리고 선대함을 촉발하는 존재가 바로 현명한 노인임을 알아야 한다.

노년을 살아가는 그리스도인은 선대하는 삶의 가치를 알고 하나님의 사랑 안에서 선대하는 모습이 자신과 주변에 풍성하게 일어나도록 할 줄 아는 사람이다. 이 과를 배운 노인은 첫째, 선대하는 나오미와 며느리의 아름다운 관계를 배운다. 둘째, 자신과 가족, 공동체 안에서 선대하는 일이 풍성해질 방법을 찾아 실천한다. 셋째, 세상을 선대하신 예수님을 묵상하며 자신의 삶에 선대하는 일이 확장되도록 한다.

1. 본문 룻기 1장 6~10절을 읽는다.
2. **말씀이야기**: 나오미와 룻이 어떤 사람들인지 간단하게 정보를 들려주고 한 사람으로 하여금 말씀 이야기를 읽도록 한다. 이야기를 읽은 후 오른 쪽 그림에 등장하는 노년의 나오미에게 며느리 룻과의 관계에서 어떤 일이 있었으며 나오미는 룻에게 또 어떻게 했는지 이야기를 나누도록 지도한다.
3. **기억해요**: 말씀이야기를 보면서 각각 연결된 한글의 자음과 모음을 빈 칸에 그대로 적어 본 후 그 단어가 무엇인지 큰 소리로 읽어보도록 한다. 그리고 룻기서 1장 8절의 요절을 여러 번 큰소리로 함께 읽고 암송해 보도록 지도한다.
   정답: 'ㅅ', 'ㅓ', 'ㄴ', 'ㄷ', 'ㅐ', 'ㅎ', 'ㅏ', 'ㄷ', 'ㅏ' (선대하다)
4. **행동해요**: 노년의 그리스도인으로서 지금보다 더 착하고 선하게 대접해야할 형제와 이웃의 이름을 적어보고 그 아래 질문을 따라 이름을 적은 사람들을 어떻게 하나님 안에서 선대할 것인지에 대해 구체적으로 이야기를 나누어 보도록 지도한다.
5. **찬양과 묵상**: 함께 찬양한 뒤 주어진 묵상문을 본문 말씀과 함께 읽도록 하고 합심기도 시간을 갖는다.
6. 인도자는 묵상문을 가지고 부름 받은 노년의 그리스도인으로서 한 주일을 신실하게 살아가도록 권면한 뒤 성경공부를 마친다.

6. 이끌림을 받아라

1. **본문말씀** : 요한복음 21장 15~18절
2. **외울말씀** : 요한복음 21장 18절

내가 진실로 진실로 네게 이르노니 네가 젊어서는 스스로 띠 띠고 원하는 곳으로 다녔거니와 늙어서는 네 팔을 벌리리니 남이 네게 띠 띠우고 원하지 아니하는 곳으로 데려가리라

3. **핵심단어** : '띠 띠다', zónnumi, 존누미
4. **말씀이해**

노년기에 들어서면 가족관계와 사회적 관계에서 지위와 역할의 상실을 경험하게 된다. 노년기의 이러한 상실의 경험은 자신이 주도하던 능동적인 삶에서 타인의 돌봄을 받고 타인을 의존하는 수동적인 삶으로의 변화를 가져온다. 누군가를 돌보던 삶에서 부양을 받는 삶으로 역할과 위치가 바뀌는 것이다. 노년기의 신체적, 심리적, 정서적으로 의존성이 강해지는 것은 자연스러운 변화이다. 성경은 노인을 나이가 많음으로 쇠약한 육체를 가진 자라고 말한다(슥 8:4). 노년의 삶을 살아가는 그리스도인은 늙고 쇠약해진 자신을 인정할 줄 알아야한다. 그리고 자녀와 타인의 돌봄과 그 권위를 받아들이고 자신을 의탁할 줄 알아야한다.

본문에서 '띠 띠다'로 번역되는 존누미(zónnumi) 동사는 느슨해진 옷을 허리띠로 당겨 조이는 행위를 의미한다. 띠 띤다는 것은 사람이 빠르게 움직여 이동하거나 활동적인 어떤 일을 하기 위해 옷매무새를 정리하며 준비할 때 하던 행위이다(행 12:8). 따라서 띠를 띤다는 행위는 스스로 하고자 하는 것을 위해 자기 주도적으로 자신의 삶을 살아가는 모습을 상징하는 행동이라고 할 수 있다.

예수님께서는 부활하신 모습으로 베드로에게 찾아와 사명자

로서의 삶과 그 노년 및 죽음을 예고하셨다. 특별히 예수님은 베드로를 위해 이스라엘의 오랜 속담인 '띠 띠는' 비유를 사용하여 말씀하셨다. 이 비유는 젊은 사람은 누구의 도움도 받지 않고 자기 스스로 옷을 입고 원하는 곳으로 갈수 있는 자유로움과 민첩함이 있으나, 늙은 사람은 스스로 옷을 입지 못하고 타인의 도움을 받아 팔 벌려 옷을 입어야하고 결국 타인에게 이끌리며 원하지 않는 곳으로도 가야하는 자유롭지 못한 삶이 기다리고 있음을 뜻한다. 예수님은 이러한 노년의 삶을 비유로 말씀하시며 결국 순교에 이르는 베드로 노년의 마지막 여정을 말씀하셨다. 나이가 든다는 것은 내가 가졌다고 생각했던 것들, 내 곁에 있다고 생각했던 것들을 점차 잃어 감을 깨닫는 과정이다. 노인은 이제 스스로 띠 띨 수 있었던 모든 것을 내려놓고 자녀와 타인에 의해 띠 띠움을 받는 자리에 있게 되었음을 받아들여야 한다. 그렇게 자신을 의탁하는 겸손한 모습이야 말로 예수님께서 십자가를 지신 모습이고, 베드로가 살았던 노년의 모습이며, 오늘 노년기를 살아가는 그리스도인들의 모습이다.

노년기를 살아가는 그리스도인들은 내려놓음과 의탁함을 배우고 그렇게 삶을 살아갈 줄 알아야 한다. 이 과를 배운 노인은 첫째, 나이 들어감으로 인해 자신이 주도적이었던 삶의 많은 부분들을 내려놓고 누군가에게 의탁하는 삶이 실패가 아님을 기억한다. 둘째, 나의 삶을 살펴보고 더 내려놓기, 더 의탁하기를 실천한다. 셋째, 자신의 삶을 돌아보며 삶의 다양한 곳에서 내려놓기를 실천한다.

1. 본문 요한복음 21장 15~18절을 읽는다.
2. **말씀이야기**: 베드로가 어떤 사람인지 간단하게 정보를 들려주고 한 사람으로 하여금 말씀 이야기를 읽도록 한다. 이야기를 읽은 후 오른 쪽 그림에 등장하는 노년의 베드로에게 어

떤 일이 일어나고 있으며 베드로에게 지금 일어나고 있는 일이 요한복음 21장 본문의 이야기와 어떤 관계가 있는지 이야기를 나눈다.
3. **기억해요**: 말씀이야기를 생각하면서 아래 지문 "젊은이는 본인이 원하는 곳으로...."를 함께 읽는다. 이 지문에 해당하는 유대인들 사이에 널리 알려진 속담이 어떤 것인지 찾아보도록 한다. 오늘 나눈 본문과 속담이 의미하는 바를 진지하게 이야기 나누어 보도록 안내한다. 그리고 요한복음 21장 18절의 요절을 여러 번 큰소리로 함께 읽고 암송해 보도록 지도한다.
   정답: 젊어서는 스스로 띠 띠고 원하는 곳으로 다니지만 늙어서는 팔을 벌리고 남이 네게 띠 띠우고 원하지 않는 곳으로 데려간다.
4. **행동해요**: 노년의 그리스도인으로서 신체적, 경제적, 정서적 그리고 신앙적으로 도움을 얻을 일이 있다는 것을 받아들이고 내가 도움을 청하여 이끌림을 받아야할 사람들의 이름과 그들로부터 얻을 도움을 구체적으로 적어보도록 한다. 그리고 이전에는 스스로 원하는 대로 다 했으나 이제 노년이 되어 누군가의 이끌림을 받아야 하는 부분에 대한 경험을 이야기 나누어 보도록 한다.
5. **찬양과 묵상**: 함께 찬양한 뒤 주어진 묵상문을 본문 말씀과 함께 읽도록 하고 합심기도 시간을 갖는다.
6. 인도자는 묵상문을 가지고 부름 받은 노년의 그리스도인으로서 한 주일을 신실하게 살아가도록 권면한 뒤 성경공부를 마친다.

7. 가르치라

1. **본문말씀**: 사도행전 28장 15~31절
2. **외울말씀**: 사도행전 28장 30~31절

사울이 온 이태를 자기 셋집에 머물면서 자기에게 오는 사람을 다 영접하고 하나님의 나라를 전파하며 주 예수 그리스도에 관한 모든 것을 담대하게 거침없이 가르치더라

3. 핵심단어 : '가르치다', *didaskó*, 디다스코

4. 말씀이해

노년기에는 자신이 경험하고 배운 것들을 후배와 후손들에게 가르치려는 경향이 나타난다. 가르치는 일은 노인으로서 자긍심을 가지고 살아갈 수 있도록 자존감을 높여주는 긍정적인 기능을 갖는다. 인생의 다양한 경험과 그 경험에서 쌓은 정보와 지혜는 노인 개인 뿐 아니라 가족과 공동체에게도 귀한 자산이며 또한 경험이 부족한 젊은 세대들에게 물려줄 수 있는 좋은 자원이다. 따라서 노인은 공동체 안에서 지혜로운 스승의 역할을 적극적으로 감당해야 한다. 성경은 삶의 마지막 순간까지 자신들의 믿음을 지키며 살아가는 노년의 삶을 기록한다. 특별히 성경은 노인에게 하나님의 말씀을 자녀들에게 부지런히 가르치고(신6:7), 자신들의 믿음을 자녀에게 전수하며(딤후1:5), 하나님의 구원과 능력을 후대에게 전해야 할 사명이 있음을 말한다(시71:18).

본문에서 '가르치다'로 번역되는 디다스코(*didaskó*) 동사는 배우기 위해 가르치는 행위를 의미하며, 하나님의 말씀 즉 율법이나 경전을 가르칠 때 이 단어가 사용되었다. 특별히 신약성경에서는 예수님과 사도들이 회중들을 가르칠 때(마5:1-2; 21:23, 막1:21-22, 행20:17-21) 사용되었다. 예수님과 사도들의 가르침을 통해 회중들은 하나님의 말씀을 알고 기억할 수 있었다.

지금 나이가 많은 노년(빌1:9)의 바울은 죄수의 몸이 되어 로마의 어느 곳에 감금되어 있다. 그러나 바울은 그곳에서 자신을 찾아오는 사람들에게 하나님의 나라를 전파하며 예수 그리스도에 관한 모든 것을 가르쳤다. 비록 나이는 많고 감금당한 상태였지만 오히려 거침없이 하나님 나라를 전하고 예수님에 관한 모든 것을 가르치는 일에 최선을 다하였다. 바울은 낙담하지 않았다. 자신의 삶의 근간이 되었던 예수 그리스도에 대한 확실한 믿음은 바울이 로마감옥에서 순교하는 그날까지 사도로서 헌신하며 예수 그리스도의 복음을 가르치는 삶을 살아가게 했다. 바울은 자신의 삶을 돌아보며 선한 싸움을 싸우고 나의 달려갈 길을 마치고 믿음을 지켰다고 고백한다.(딤후4:7) 삶의 끝까지 예수님을 전하고 가르쳤던 바울의 삶이야말로 인생의 주기에서 이제 노년기를 살아가는 그리스도인들의 삶이 되어야 할 것이다.

노년기를 살아가는 그리스도인들은 하나님이 주신 사명이 복음을 전하며 믿음을 가르치는 것임을 기억하고 실천하는 삶을 살아야 한다. 이 과를 배운 노인은 첫째, 죽음을 앞 둔 순간까지도 가르치는 일을 멈추지 않았음을 기억한다. 둘째, 내가 복음을 가르쳐야하는 사람들을 떠올리며 각자에게 필요한 복음을 적어본다. 셋째, 인생의 선배로서 복음을 가르치고 전하는 자의 삶을 진지하게 묵상하고 실천한다.

1. 본문 사도행전 28장 15~31절을 읽는다.
2. **말씀이야기**: 사도 바울이 어떤 사람인지 간단하게 정보를 들려주고 한 사람으로 하여금 말씀 이야기를 읽도록 한다. 이 야기를 읽은 후 오른 쪽 그림에 등장하는 노년의 바울이 지금 어떤 상황에 있으며 바울은 그곳에서 지금 무엇을 하고 있는지 이야기를 나누도록 안내한다.
3. **기억해요**: 말씀이야기를 생각하면서 아래 각 성경구절의 빈 칸을 제시된 예제를 따라 적어보도록 한다. 바울은 마지막 죽는 순간까지 이 각 구절의 핵심을 여러 사람들에게 가르쳤다는 것을 상기시켜 준다. 그리고 제시된 사도행전 28장 31절의 말씀을 크게 읽고 암송하도록 지도한다.
   정답: ① 롬 1:16-구원 ② 엡 5:8-빛의 자녀

③ 엡 5:18-성령 ④ 빌 2:5-그리스도 예수
⑤ 딤후 3:16-성경

4. **행동해요**: 노년의 그리스도인은 마지막 날까지 그리스도 예수의 사랑과 십자가 은혜를 전하고 가르치며 살아야 한다. 제시된 각 성경구절들이 어떤 자녀들에게 어울릴지 서로 연결해 보게 하고 그 이유를 서로 나누어 보도록 지도한다. 그리고 자녀들에게 복음과 하나님의 말씀을 가르친 경험을 서로 이야기 나누도록 안내한다.

5. **찬양과 묵상**: 함께 찬양한 뒤 주어진 묵상문을 본문 말씀과 함께 읽도록 하고 합심기도 시간을 갖는다.

6. 인도자는 묵상문을 가지고 부름 받은 노년의 그리스도인으로서 한 주일을 신실하게 살아가도록 권면한 뒤 성경공부를 마친다.

8. 격려하라

1. **본문말씀** : 신명기 33장 28~29절

2. **외울말씀** : 신명기 33장 29절
이스라엘이여 너는 행복한 사람이로다 여호와의 구원을 너 같이 얻은 백성이 누구냐 그는 너를 돕는 방패시요 네 영광의 칼이시로다 네 대적이 네게 복종하리니 네가 그들의 높은 곳을 밟으리로다

3. **핵심단어** : '행복', esher, 에쉐르

4. **말씀이해**
노인다움의 귀한 덕목 가운데 하나는 바로 덕담을 나누는 일이다. 특히 아랫사람들, 가족과 친지들에게 덕담을 하는 것은 노인의 품위를 더욱 높여줄 수 있다. 덕담은 윗사람이 아랫사람의 소

원 성취를 희망하고 격려하는 것으로, 그 삶이 더욱 잘 되기를 바라는 것이다. 덕담을 장려하는 일은 성경도 예외는 아니다. 성경에서도 후손들을 격려하고 복을 빌어주는 것을 종종 볼 수 있다 (왕상10:8, 잠언8:34). 성경의 인물들은 그 자녀들과 후손들을 격려하는 가운데 어떻게 살아가는 것이 복이 있는 삶인지, 어떠한 삶이 복을 누리며 사는 삶인지 끊임없이 가르쳤다.

본문에서 '행복, 축복'으로 번역되는 에쉬르(esher)는 만족함, 기쁨을 뜻한다. 주로 시편과 잠언에서 많이 사용 되었으며, 상대방에게 복이 있음을 선포하는 것과(신33:29, 대하9:7), 복이 있는 삶이 어떤 것인지를 가르칠 때(시1:1, 시84: 5) 주로 쓰였다. 이스라엘 백성들은 항상 믿음의 선배들이 알려주는 복된 삶에 대한 가르침을 통해 하나님 안에서 복 있는 삶으로 더욱 가까이 나아갈 수 있었다.

신명기 33장은 이제 가나안에 들어갈 준비를 하는 이스라엘 백성들에게 들려준 모세의 마지막 당부의 말이다. 이것은 일종의 유언으로, 모세의 말을 요약하면 첫째는 앞으로 들어갈 가나안에서 하나님의 백성으로서 잘 살기를 바란다는 것과 둘째는 하나님의 계명들과 법도들 그리고 규례들을 따르고 순종하면 복된 삶을 유지할 수 있다는 것이다. 먼저, 모세는 이스라엘을 향해 하나님의 구원 받은 복 있는 자, 행복한 자임을 먼저 선포한다. 그리고 그 복된 삶을 어떻게 유지하며 살아야 하는지를 가르치고 격려한다. 오랜 시간 출애굽 사역을 진두지휘해온 모세의 눈에 이스라엘 백성은 복 있는 사람들이었다. 모세는 이스라엘 백성들이 믿음의 신실함 가운데 복된 삶의 자리를 잃지 않게 되기를 간절히 원했다.

노인은 믿음과 삶의 선배로서 자손이나 후배들에게 그들이 하나님 앞에서 얼마나 복된 존재인지와 그 복된 삶을 어떻게 유지

하며 살아야 하는지 알리기 위해 힘써야 한다. 이 과를 배운 노인은 첫째, 모세를 따라 자녀들과 후배들을 격려하는 축복의 방식을 배운다. 둘째, 자녀들과 후배들을 축복하고 격려하는 일을 실천한다. 셋째, 축복하고 격려하는 삶의 가치를 가족을 넘어 공동체와 사회로 확장한다.

1. 본문 신명기 33장 28~29절을 읽는다.
2. **말씀이야기**: 모세가 어떤 사람인지 간단하게 정보를 들려주고 한 사람으로 하여금 말씀 이야기를 읽도록 한다. 이야기를 읽은 후 오른 쪽 그림에 등장하는 노년의 모세가 지금 어떤 상황에 있는지 그리고 모세의 마음이 어떠할지 본문과 말씀이야기에 근거하여 서로 이야기를 나누도록 안내한다.
3. **기억해요**: 말씀이야기를 생각하면서 아래 각 성경구절의 빈칸을 성경을 찾아 적어보도록 한다. 모세가 마지막까지 이스라엘 백성들에게 품었던 마음이 무엇이었는지 이야기 나누어보도록 한다. 그리고 제시된 신명기 33장 29절의 말씀을 크게 읽고 암송하도록 지도한다.
   정답:① 신명기 32장 46절-지켜 행하게
   　　② 신명기 33장 12절-보호
   　　③ 신명기 33장 10절-온전한 번제④ 신명기 33장 27절-처소
4. **행동해요**: 노년의 그리스도인은 자녀들과 후배들을 늘 격려하는 사람들임을 상기시켜주고 가장 마음이 쓰이는 자녀나 신앙 후배들 가운데 한 사람의 이름을 적게 한 뒤 그를 격려하는 글을 적거나 혹은 돌아가면서 이야기해 보도록 한다. 빈칸에 적고 격려의 글을 써본 사람 외에도 혹시 마음이 가는 자녀나 후손 후배가 있으면 추가로 격려의 말을 남기도록 안내한다.
5. **찬양과 묵상**: 함께 찬양한 뒤 주어진 묵상문을 본문 말씀과 함께 읽도록 하고 합심기도 시간을 갖는다.
6. 인도자는 묵상문을 가지고 부름 받은 노년의 그리스도인으

로서 한 주일을 신실하게 살아가도록 권면한 뒤 성경공부를 마친다.

9. 축복하라

1. **본문말씀** : 창세기 49장 1~28절
2. **외울말씀** : 창세기 49장 28절
이들은 이스라엘의 열두 지파라 이와 같이 그들의 아버지가 그들에게 말하고 그들에게 축복하였으니 곧 그들 각 사람의 분량대로 축복하였더라
3. **핵심단어** : '축복하다', barak, 바락
4. **말씀이해**
일반적으로 노년기에 접어들면 지금까지의 자신의 삶을 돌아보며 정리하는 시간을 갖는다. 이렇게 자신을 돌아보는 시간은 특별히 후손들에게 무엇을 물려줄 지에 대해 생각하는 시간이 되기도 한다. 후손들에게 물려줄 것은 단순히 물질과 재산만이 아니다. 고금이래로 유산이란 정신적인 것일수록 더욱 귀한 것으로 여겨졌다. 노인은 자신이 삶에서 얻은 가장 고귀한 교훈들을 정리하여 자식들과 자손들에게 남겨주는 일의 가치를 잘 알아야 한다. 특히 그리스도인 노인은 그 교훈을 성서적으로, 신앙적으로 바르게 정리하여 자손들에게 나누어 주어야한다. 그리고 자손들 하나하나를 축복하며 신앙의 교훈과 유산을 넘겨주는 시간의 소중함을 알아야 한다. 축복을 담은 교훈과 유산 상속은 노인들의 삶에서 가장 아름다운 모습 가운데 하나이다.
　본문에서 '축복하다'로 번역되는 바락(barak)은 하나님이 복

을 내리는 행위를 뜻한다. 인간은 하나님의 축복있기를 빌어줄 뿐 복을 내리는 주체는 아니다. 복을 내리시는 주체는 하나님이시다. 성경이 말하는 축복 행위는 하나님의 은혜와 복을 다른 사람에게 빌어줄 때(창 14:19), 그 집안 가장이 가정과 자녀들을 위하여 축복을 기원할 때(창49:1-28), 제사장이 백성들을 위하여 복을 기원할 때(대하 30:27) 일반적으로 사용되었다.

야곱은 그 파란만장한 일생을 마치며 자녀들에게 특별한 유언과 축복을 했다. 야곱은 많은 일을 겪으며 평생을 나그네로 살았다. 그리고 인생 마지막 시간에 이르러 야곱은 열두 명의 아들들을 불러 모으고 유언과 함께 그들을 축복했다. 야곱은 아브라함과 이삭을 통해 자신에게 전승되었던 믿음과 믿음의 교훈들을 자녀들에게 전해주었다. 그리고 열두 명의 아들들을 각각 축복했다. 야곱의 믿음의 교훈과 축복은 성경을 통해 이스라엘의 열두 지파에게로 그대로 전해졌다. 그리스도인 부모들 역시 야곱처럼 하나님을 믿는 믿음이 자녀들과 자손들에게 꾸준히 이어지기를 바란다. 나에게 성취된 하나님의 복이 자녀들의 삶에도 신실하게 함께하기를 원하는 것이다. 자녀들을 위해 하나님의 축복을 빌어주었던 야곱처럼 자녀들을 위해 하나님의 축복을 기원하는 삶이야말로 가정 안에서 영적 리더십을 발휘하는 그리스도인들의 노년의 모습이어야 할 것이다.

노년기의 삶을 살아가는 그리스도인들은 자녀와 후손들에게 복을 내리는 일의 중요함을 배워야 한다. 이 과를 배운 노인은 첫째, 가정과 공동체 안에서 야곱처럼 자녀와 후손들을 축복하며 신앙의 유산을 전수하는 가치를 나눈다. 둘째, 자녀들과 후손들 하나하나를 생각하며 그들에게 축복하는 일을 실제로 실천한다. 셋째, 후손들과 인생 후배들에게 하나님께서 복주시기를 기원한다.

1. 본문 창세기 49장 1~28절을 읽는다.
2. **말씀이야기**: 야곱이 어떤 사람인지 간단하게 정보를 들려주고 한 사람으로 하여금 말씀 이야기를 읽도록 한다. 이야기를 읽은 후 오른 쪽 그림에 등장하는 노년의 야곱이 지금 어떤 상황에 있는지 그리고 모세가 하고 있는 일이 구체적으로 무엇인지 본문과 말씀이야기에 근거하여 서로 이야기를 나누도록 안내한다.
3. **기억해요**: 말씀이야기를 생각하면서 아래 야곱이 요셉에게 했던 축복을 크게 읽어보도록 지도한다. 요셉에게 했던 축복의 의미를 요셉의 삶에 근거하여 이야기를 나누어 본다. 요셉은 어린 시절 그가 꿈꾼 대로 담장을 넘은 나무와 같이 되어 집안의 누구보다 훌륭한 사람이 되었다. 그리고 제시된 창세기 49장 28절의 말씀을 크게 읽고 암송하도록 지도한다.
4. **행동해요**: 교재 뒤편에 있는 사과 스티커 다섯 개를 붙이도록 한 뒤 축복 기도문이 제시된 세 개에는 기도문에 어울리는 자녀들의 이름을 넣게 한다. 나머지 자녀들에 대해서는 빈 사과에 이름을 적은 뒤 직접 축복 기도문을 기록하거나 혹은 그 자리 구성원들 앞에서 직접 축복의 기도를 할 수 있도록 한다. 사과가 모자를 경우 이름을 부르고 축복기도를 직접 할 수 있도록 한다. 가정에서 자녀축복의 예배를 드릴 수 있도록 권하고 자녀들의 이름을 부르며 축복하는 시간을 가져보도록 격려한다.
5. **찬양과 묵상**: 함께 찬양한 뒤 주어진 묵상문을 본문 말씀과 함께 읽도록 하고 합심기도 시간을 갖는다.
6. 인도자는 묵상문을 가지고 부름 받은 노년의 그리스도인으로서 한 주일을 신실하게 살아가도록 권면한 뒤 성경공부를 마친다.

10. 기다리라

1. **본문말씀** : 누가복음 2장 25~38절

2. **외울말씀** : 누가복음 2장 37절

이 사람이 성전을 떠나지 아니하고 주야로 금식하며 기도함으로 섬기더니

3. **핵심단어** : '기다리다', prosdechomai, 프로스데코마이

4. **말씀이해**

노년기는 젊은 사람보다 더 죽음을 가까이 두고 살아간다. 젊은 이가 죽음에 대해 느끼는 막연함과는 다른 차원에서 노년의 삶에는 죽음으로 인한 자아상실감과 사후세계에 대한 두려운 정서가 깊이 자라잡고 있다. 그러나 그리스도인들은 죽음이 막연한 끝이 아니며, 하나님을 믿는 사람들에게는 행복한 하나님 나라가 새로이 주어진다는 것을 믿는다. 따라서 믿음 안에서 살아가는 노인은 다가오는 죽음을 세상 누구보다 긍정적으로 받아들일 수 있다. 노년의 그리스도인은 오히려 인생의 마지막 순간을 구원이 완성되는 시간으로 기대하며 소망한다.

본문에서 '기다리다'로 번역되는 프로스데코마이(prosdechomai) 동사는 확신을 가지고 기대하는 마음으로 인내하는 행위를 의미한다. 기다리는 자는 자신이 소망하며 기다리는 것에 대한 확신을 가지고 간절한 마음으로 현세에서 인내하는 살아야 한다. 특별히 성경은 모든 그리스도인들이 믿음 가운데 자신을 바르게 하고, 성령으로 기도하며, 하나님의 사랑 안에서 예수 그리스도의 다시 오심과 그를 통해 주어지는 영생의 날을 기다려야 한다고 말한다(유 1:20-21).

본문은 오랜 세월 동안 하나님의 위로를 기다리며 성령을 의지하여 의롭고 경건하게 살았던 시므온과 안나 선지자의 이야기를 들려준다. 시므온은 죽기 전에 그리스도를 만나게 될 것이라는 하나님의 약속을 믿었다. 그리고 날마다 성령의 인도를 받으며 기도했다. 성령과 동행하며 기다렸던 시므온은 그 누구보다 풍성한 노년의 삶을 살 수 있었다. 안나 역시 팔십사 세의 나이가 될 때까지 늘 성전을 떠나지않고 하나님의 구원을 기대하며 살았다. 안나는 성전에서 주야로 금식하며 기도함으로 섬겼던 누구보다 깊은 영성을 갖춘 노년의 신앙적인 삶을 살았다. 믿음으로 기다리던 시므온과 안나 선지자는 메시아 아기 예수님을 만나게 되는 축복을 누렸다. 성령과 동행하며 믿음을 지키는 삶, 성전을 떠나지 않았고 예배하며 기도하는 삶이야말로 하늘나라를 소망하며 노년기를 살아가는 그리스도인들의 영적인 모습이어야 할 것이다.

노년기를 살아가는 그리스도인들은 더욱 더 깊은 영적인 삶의 자리로 나아가야 한다. 이 과를 배운 노인은 첫째, 시므온과 안나 선지자가 하나님의 구원을 확신하며 성령과 동행하는 노년의 삶을 살았음을 기억한다. 둘째, 예수님의 재림과 하늘나라를 소망하며 예배의 자리, 기도의 자리, 찬양의 자리를 지키며 하나님과 동행하는 삶을 실천한다. 셋째, 한 주간 동안 '묵상합시다'를 묵상하며 기다리는 자의 삶을 살아간다.

1. 본문 누가복음 2장 25~38절을 읽는다.

2. **말씀이야기**: 안나(그리고 시므온)이 어떤 사람인지 간단하게 정보를 들려주고 한 사람으로 하여금 말씀 이야기를 읽도록 한다. 이야기를 읽은 후 오른 쪽 그림에 등장하는 노년의 안나(시므온)이 지금 어디서 무엇을 하고 있는지 이야기를 나누고 그리고 그림 한켠 부모와 아기가 누구인지 이야기를 나누도록 안내한다.

3. **기억해요**: 말씀이야기를 생각하면서 아래 7개 지문을 글자 박스에서 찾아보도록 한 뒤 7개의 단어 혹은 단어구를 큰소리로 읽도록 한다. 제시된 지문은 안나(혹은 시므온)이 하나님 나라를 소망하며 기다리는 가운데 했던 행동들임을 주지시킨다. 제시된 누가복음 2장 37절의 말씀을 크게 읽고 암송하도록 지도한다.

4. **행동해요**: 안나를 따라 예수님의 오심을 기다리는 삶은 '기도', '성경읽기', '예배', '섬김', 그리고 '찬양' 등이 있을 수 있음을 알려준다. 교재 뒤편의 각 기다림의 초들을 촛대에 붙이도록 한다. 그리고 각 기다림의 행동들을 어떻게 실천할 것인지에 대해 서로 이야기를 나누도록 안내한다. 안나가 보여준 기다림의 행동들에 비추어 부족한 내 삶의 부분을 생각해 보고 그 부분을 더욱 열심히 실천할 것을 이야기하게 한 뒤 서로 격려하게 한다.

5. **찬양과 묵상**: 함께 찬양한 뒤 주어진 묵상문을 본문 말씀과 함께 읽도록 하고 합심기도 시간을 갖는다.

6. 인도자는 묵상문을 가지고 부름 받은 노년의 그리스도인으로서 한 주일을 신실하게 살아가도록 권면한 뒤 성경공부를 마친다.

▌저자 소개

저자 정부선은 서울신학대학교와 대학원에서 기독교교육을 전공한 후 오랫동안 교회와 교단의 교육사역 및 교재개발사역에 헌신해 왔다. 현재 문화촌교회에서 전도사로서 교육을 담당하고 있다.

저자 이윤정은 서울신학대학교와 대학원에서 기독교교육을 전공한 후 오랫동안 교회의 교육담당 목회자로서 그리고 교단의 교육 개발자로서 사역해 왔다. 현재 라복교회에서 남편 이영노 목사와 더불어 목회하고 있다.

▌터치바이블선교회

터치바이블선교회는 성경 하나님의 말씀을 기반으로 순례와 아카데미, 사역과 선교 및 출판을 주로 하는 사역 단체이다. 말씀 중심으로 다양한 사역 자료 및 프로그램을 개발, 제작하여 실행하고 보급하고 있다.

예수님이 말씀하시니 Silver

말씀세대

1판 1쇄 : 2018년 6월 8일

감수 : 김진산
편집 : 강신덕
저자 : 정부선 이윤정
디자인: 오인표
일러스트 : 이창호
홍보/마케팅: 김일권 지동혁
펴낸이 : 오세동
펴낸곳: 도서출판 토비아
등록: 426-93-00242
주소: 04041) 서울특별시 마포구 와우산로 73(홍익빌딩 4층)
      T 02-738-2082 F 02-738-2083

I S B N: 979-11-89299-00-2 03230

이 책에 수록된 찬송가는 (재) 한국찬송가공회의 허락을 받은 것입니다.
승인번호 : NO. 36-003

예수님이 말씀하시니 Silver

말씀세대 스티커

네 번째 말씀 사랑하라 - 기억해요

행함과 진실함으로 함

사망에서 옮겨 생명으로 들어감

계명을 지키는 자는 주안에 거하고

아홉 번째 말씀 축복하라 - 행동해요

이름 :

이름 :
함께 살아가는 가족들과 이웃들을 돌아보며 그들의 궁핍함을 사랑으로 도울 수 있는 마음과 물질의 넉넉함이 있기를 기도합니다.

이름 :
이 땅에서 하나님의 자녀로 살아 갈 동안 아프지 않고 건강한 육체로 강건하기를 축복합니다.

이름 :
앞으로 살면서 만나게 될 어떠한 상황 속에서도 하나님을 믿는 믿음을 잃지 않고 하나님과 동행하기를 축복합니다.

이름 :

열 번째 말씀 기다리라 - 행동해요

기도

예배

성경읽기

섬김

찬양